CONTES
DU ROI
CAMBRINUS

DU MÊME AUTEUR :

CONTES D'UN BUVEUR DE BIÈRE
1 vol. in-18 jésus

CHARDONNETTE
1 vol. in-18 jésus

Sous presse :

LES GENS DE PETITE VILLE
1 vol. in-18 jésus

En préparation :

MADEMOISELLE RICHEPANSE
1 vol. in-18 jésus

PARIS. — IMPRIMERIE ALCAN-LÉVY, 61, RUE DE LAFAYETTE

CONTES

DU ROI

CAMBRINUS

PAR

CHARLES DEULIN

PARIS

E. DENTU, ÉDITEUR

Libraire de la Société des Gens de Lettres

PALAIS-ROYAL, 17-19, GALERIE D'ORLÉANS

—

1874

Tous droits réservés

La lettre suivante, adressée à l'auteur des *Contes d'un Buveur de bière*, l'a décidé à publier cette seconde série de Contes.

Ce 31 mars 1868.

J'aurais dû vous remercier depuis longtemps, Monsieur, pour l'intéressant volume des Contes flamands, — intéressant en effet par le fond, par le tour, par le bon sens vivant et le drame familier qui s'y joue à chaque page. Vous avez parfaitement fait de mettre du vôtre dans ces légendes et récits populaires : à moins qu'on ne veuille recueillir de simples racines pour la science pure et pour l'histoire des origines; c'est ainsi qu'il convient de faire, afin de courir de main en main et d'être lu. Ces ébauches primitives ne peuvent que gagner à un coup de pouce habile donné par un ami et par un pays.

*L'*Hôtellerie des Sept Péchés Capitaux *est excellente. Le* Poirier de Misère *est admirable. Je doute que dans le récit populaire il y ait cette belle expression simple :* « *Chaque nouvelle génération n'était plus occupée qu'à soigner les précédentes qui ne pouvaient* guérir *de la vie.* » — *C'est là ce que j'appelle le* coup de pouce *de l'artiste sournois et qui n'en a pas l'air.*

Veuillez agréer, cher Monsieur, l'assurance de mes sentiments dévoués.

SAINTE-BEUVE.

u temps jadis, à Condé-sur-l'Escaut, par les clairs de lune, ces contes se contaient dans les encoignures des rues, sur les trappes des caves.

Ils se disaient aussi aux veillées ou, pour mieux parler, aux écriennes de la Cense Marquette, chez la grand'mère d'Alexandre Favier.

Ce gentil compagnon a rafraîchi ma mémoire, un soir de septembre que nous vidions un pot de bière brune dans son clos, parmi les ruines du vieux château de Gayant.

Et c'est pourquoi ces Contes du roi Cambrinus, *ainsi nommés parce qu'ils sont nés sous l'inspiration du monarque mousseux, sont dédiés à Alexandre Favier par son compatriote et ami*

C. D.

Paris, le 15 mai 1873.

CONTES
DU
ROI CAMBRINUS

L'INTRÉPIDE GAYANT

I

u temps jadis, il arriva qu'un bûcheron de Cantin, près de Douai, en allant à la ramée, trouva dans la forêt cinq oursons qui se roulaient à l'entrée d'une caverne.

A sa vue ces animaux s'enfuirent, hormis un seul, lequel vint à lui en poussant de légers grognements qui ressemblaient quasiment à des cris humains.

Bien que ce petit être marchât à quatre pattes et eût toute l'apparence d'un ours, le boquillon reconnut avec surprise que c'était, non pas un ourson, mais une créature comme vous et moi.

Il le prit et, craignant d'être rencontré par la mère ourse, il se hâta de regagner le village. Il se rendit tout droit chez le mayeur, où les voisins accoururent, attirés par un phénomène aussi curieux.

Jamais on n'avait ouï dire qu'un enfant eût été élevé par une ourse. On n'en baptisa pas moins le jeune gars, on l'habilla de pied en cap, et on le confia au bûcheron, qui l'envoya à l'école.

II

Il était un peu grandelet pour qu'on le mît à la croix de par Dieu, et même la barbe commençait à lui pousser : cela fit que les écoliers se moquèrent de lui comme d'un grand dadelot.

On l'avait nommé Jean Gélon, du nom de son père adoptif, mais quoiqu'il se fût bientôt déshabitué de marcher à quatre pattes, ses petits camarades le trouvaient si laid, qu'ils ne l'appelaient que Jean l'Ourson.

C'était un enfant calme, réfléchi, parlant peu et d'une douceur telle qu'il n'eût pas égratigné une mouche. Les mauvais garnements soumettaient sa bonté à de rudes épreuves.

— Danse, Jean l'Ourson, disaient-ils, danse ! Et

ils le frappaient à coups de bâton en imitant la flûte et le tambourin.

Jean Gélon se laissait faire : il était pourtant membré aussi solidement qu'un homme, et on remarquait que, s'il n'embellissait pas, du moins il croissait à vue d'œil.

Les garçonnals en vinrent à ce point de méchanceté qu'un jour, en jouant au cafouma, qui est le jeu de colin-maillard, ils lui bandèrent les yeux et le lapidèrent tellement qu'il en avait le front tout bossué.

Jean Gélon perdit enfin patience : il ôta son bandeau, saisit un caillou de la grosseur d'une noisette et le lança si fort au plus enragé de la bande, que le caillou lui traversa la tête comme un coup de feu.

Aux cris des polissons, leurs pères et mères accoururent. On s'empara du meurtrier et on le garrotta pour le conduire en prison : d'un mouvement brusque il brisa ses liens. On alla querir des chaînes et on lui mit les menottes : ratch! il les rompit encore.

III

Les villageois se consultaient, ne sachant que résoudre, quand un héraut, tout habillé de velours et monté sur un cheval caparaçonné, arriva au triple galop sur la place du village. Il sonna trois fois de la trompe, ensuite de quoi il parla en ces termes :

— Bonnes gens, S. M. le roi des Pays-Bas fait assavoir que ses deux filles, les princesses Boule-d'Or et Boule-d'Argent, ayant été enlevées par un infâme ravisseur, il donnera l'une d'elles en mariage à quiconque saura les délivrer : le vainqueur choisira.

Après avoir ouï ces paroles, Jean Gélon eut une idée :

— Faites-moi forger, dit-il à ceux qui le gardaient à vue, une bonne canne de fer, une canne grosse comme mon bras. J'essayerai de délivrer les princesses et, si je réussis, je vous invite tous à la noce.

Les gens de Cantin, voyant là un moyen de sortir d'embarras, goûtèrent ce discours, le plus long qu'eût jamais prononcé Jean l'Ourson. Ils ramassèrent toute la ferraille qu'on put trouver dans le village, et la portèrent chez le maréchal.

La canne forgée, Jean Gélon la jeta en l'air et la rattrapa avec autant d'adresse qu'un tambour-major. Le mayeur en fut si ému qu'il s'écria dans un transport d'enthousiasme :

— Ce n'est plus maintenant Jean Gélon que tu t'appelles ; tu t'appelles Gayant, et j'ose croire que tu vas réparer ta faute, épouser une princesse et faire honneur à ton village !

— J'y tâcherai, avec l'aide de Dieu et de Marie Saguenon, répondit modestement le héros futur.

Vous saurez que chez nous gayant se dit pour géant, mais on n'a jamais su pourquoi le gars donna à sa canne le nom de Marie Saguenon.

Sans perdre une minute, il prit son sac, boucla ses guêtres, alluma sa pipe, car il fumait déjà comme un homme; et, la canne à la main, il s'engagea dans la forêt.

IV

Il n'eut point marché un quart d'heure qu'il vit venir à lui une ourse suivie de ses quatre oursons. Il reconnut sa mère nourrice et se précipita dans ses pattes.

L'ourse se dressa tout debout pour mieux le recevoir. Il embrassa aussi chacun de ses frères de lait, après quoi :

— Où vas-tu dans cet équipage ? lui dit l'ourse en son patois.

— Délivrer les princesses Boule-d'Or et Boule-d'Argent.

— Tu connais donc leur retraite ?

— Pas encore.

— Eh bien ! suis-moi. Je vas t'y conduire.

Et ils se mirent en marche, posant un pied devant l'autre, comme font les belettes dans la neige. L'ourse allait en tête, accompagnée de ses quatre oursons ; Gayant suivait avec sa bonne canne.

Au bout de cent pas, ils ouïrent d'horribles craquements et virent dans une clairière un grand gaillard qui s'amusait à tordre un chêne, comme une buresse tord son linge, après l'avoir rincé à la rivière.

— Bonjour à vous six ! leur cria le tordeur. Voulez-vous me donner un coup de main ?

— Nous sommes trop pressés, fieu.

— Où allez-vous ?

— Délivrer les princesses Boule-d'Or et Boule-d'Argent.

— J'en suis : mon bras délivrera les princesses, et j'épouserai Boule-d'Or, comme il est vrai que je m'appelle Tord-Chêne !

En parlant ainsi, le tordeur se mit de la compagnie.

Quoiqu'il y eût assez de champ pour faire glane, Gayant trouva que Tord-Chêne en usait un peu bien sans façon ; il accepta néanmoins ce compagnon, sans le relever du péché d'orgueil.

Cependant la forêt devenait si touffue que les voyageurs ne pouvaient plus avancer ; les arbres se touchaient comme des épis de blé.

— Nous approchons, dit la mère nourrice.

Avec l'aide de Tord-Chêne et de Marie Saguenon, Gayant se fraya un passage, et tous arrivèrent enfin devant un superbe château.

— C'est là que sont les princesses, dit l'ourse à l'aventurier, et, après lui avoir souhaité bonne chance, elle l'embrassa et partit au petit trot avec ses quatre oursons.

V

Les deux compagnons carillonnèrent à la porte, drelin, drelin, sans qu'on vînt leur ouvrir. Ils prirent alors le parti de l'enfoncer et visitèrent le château de fond en comble : ils n'y rencontrèrent âme qui vive.

Ils virent dans la cuisine un magnifique cauderlat, j'entends une belle rangée de chaudrons et de casseroles qui reluisaient le long de la muraille comme autant de pleines lunes. Il y avait aussi une énorme broche, mais malheureusement on ne trouva rien à y mettre.

Pour toutes provisions, ils découvrirent dans le garde-manger une boîte au sel et un pot de beurre, et dans la hûche une fournée de pain bis. Gayant descendit à la cave et en rapporta un broc de vieille bière.

— Buvons un coup, dit-il, cela nous éclaircira les

idées. Voici ce que je propose : Comme le garde-manger est assez mal garni, il faut que l'un de nous aille à la chasse, pendant que l'autre restera céans pour faire la soupe.

— C'est moi qui resterai ! s'écria Tord-Chêne et, si le ravisseur ose montrer le bout de son nez, je n'aurai besoin ni de canne ni de massue, je l'assommerai d'un coup de poing !

— C'est bon, fit Gayant, qui avait souvent ouï dire que la pire roue d'un chariot est celle qui crie le plus fort. Aie soin seulement de sonner la cloche, quand le coucou marquera midi.

Resté seul, Tord-Chêne alluma le feu, alla cueillir des herbes dans le potager et fit la soupe, après quoi il bourra sa pipe. La marmite commençait à chanter, quand tout à coup le cuisinier entendit tic et tic et tic dans la cheminée.

Il vit alors descendre par la crémaillère un petit grand-père tout habillé de jaune, qui portait un petit tricorne, un petit habit à la française, de petites culottes et de petits souliers. Ce petit grand-père tenait d'une main une petite écuelle et de l'autre, quoiqu'il fît plein jour, une petite lampe allumée ; il n'avait rien de grand que le nez et le menton, qui se joignaient en casse-noisette.

— Qui es-tu et que veux-tu ? lui cria Tord-Chêne.

— Je suis Petit-Père-Bidoux, mon bon seigneur,

et je viens vous demander un peu de soupe pour l'amour de Dieu !

— Hors d'ici ! ver de terre !

Tord-Chêne n'avait pas achevé ces mots que, mettant bas son écuelle et sa lampe, Petit-Père-Bidoux bondit comme un ressort qui se détend, l'empoigna par les jarrets avec une force irrésistible, lui cogna la tête contre la muraille et le traîna hors de la cuisine, tout contre un énorme tas de fagots qu'il fit crouler sur lui. Il reprit ensuite écuelle et lampe, et s'enfuit en criant :

— Petit bonhomme vit encore !

C'est en vain que vers midi le chasseur prêta l'oreille : la cloche ne sonna point. Las d'attendre, il revint au château. Il trouva la marmite renversée et le feu presque éteint : personne d'ailleurs auprès.

Il courut de chambre en chambre en criant :

— Ohé ! Tord-Chêne, ohé !

Tord-Chêne ne parut point. Son compagnon se décida à préparer lui-même le dîner.

Il alla querir un fagot pour rallumer le feu. En approchant du tas, il ouït la voix de Tord-Chêne qui criait :

— A moi, mon ami !

Et, s'apercevant que son camarade gisait sous la pile de fagots, il travailla tout de suite à le débarrasser.

La chose faite, voyant qu'on ne lui demandait

point d'explications, Tord-Chêne dit d'un air un peu confus :

— Je saquais du bois quand les fagots ont croulé sur moi.

Gayant ne répondit point. On se passa de soupe ; on mangea deux lièvres et un faisan que le chasseur avait rapportés. Les compagnons montèrent la garde toute la nuit à tour de rôle, mais il ne vint pas un chat.

VI

Le lendemain Gayant fut de cuisine : il posa sa canne dans l'encoignure de la cheminée et vaqua aux soins du ménage.

Vers midi, la soupe étant prête, il se leva pour aller sonner la cloche. Soudain il entendit tic et tic et tic : il se retourna et vit Petit-Père-Bidoux avec sa petite lampe et sa petite écuelle.

— Un peu de soupe, pour l'amour de Dieu! demanda doucement le petit homme.

Le cuisinier prit Marie Saguenon d'une main, et de l'autre ôta le couvercle de la marmite, ayant, comme on dit, un œil à la poêle et l'autre au chat.

Soudain le bout d'homme s'élança pour le saisir

aux jarrets, mais d'un coup de sa bonne canne Gayant l'arrêta net. Il croyait lui avoir écrasé la tête, il fut tout étonné qu'il ne lui avait abattu qu'un bras.

Profitant de sa surprise, le petit homme ramassa vivement son bras, le mit sous l'autre, reprit sa lampe qui ne s'était pas éteinte, et s'enfuit dans la forêt en criant :

— Petit bonhomme vit encore !

Gayant le poursuivit : il allait l'atteindre, quand il le vit disparaître par un trou de fussiau ou, si vous l'aimez mieux, de putois. Il y fourra sa canne d'une telle force que, rencontrant le vide, elle faillit lui échapper.

Tord-Chêne revenait justement par ce côté. Avec son aide, Gayant enleva force broussailles qui obstruaient l'orifice d'un puits vaste et profond.

— Si on avait une corde, dit-il, on irait voir ce qui se passe en bas.

— Commençons par manger la soupe, ensuite nous accorderons nos flûtes; de la panse vient la danse! répondit Tord-Chêne, qui ne semblait pas bien pressé d'attraper Petit-Père-Bidoux.

VII

Pendant que son compagnon dinait, Gayant chercha par tout le château, sans y trouver le moindre bout de ficelle. Il imagina alors de peler les gros tilleuls de l'avenue pour fabriquer une corde.

Le camarade, bien repu, le rejoignit et se mit à tordre, avec une force et une prestesse incroyables, les larges rubans de tille que Gayant tirait des grands arbres.

Ils travaillèrent trois jours et trois nuits et ne s'arrêtèrent que quand le câble fut long de mille pieds.

— Qui descendra le premier? demanda Tord-Chêne inquiet.

Gayant se tut par modestie; ce que voyant :

— Tirons à la buquette, proposa son compagnon.

— Soit !

Et le hasard, qui n'en fait jamais d'autres, désigna Tord-Chêne pour tenter d'abord l'aventure.

Tord-Chêne s'exécuta d'assez bonne grâce : il s'attacha la corde à la ceinture, y accrocha la cloche du diner, et emporta un quartier de roc pour sonder la profondeur du puits. Quand on eut déroulé six cents pieds de corde, il sonna et son camarade le ramena au jour.

— J'ai jeté ma pierre, dit-il, et je crois bien qu'il nous manque encore plus de cinq cents pieds.

— Il en manquerait mille que j'irais tout de même! s'écria Gayant.

Il laissa la cloche, prit sa canne d'une main et de l'autre saisit le câble, qui descendit, descendit, descendit jusqu'à ce qu'il fût entièrement déroulé.

A ce moment, le héros lâcha la corde et s'abandonna dans le vide, à la garde de Dieu. Il arriva au fond, brisé, moulu, fracassé : la chute était d'environ cinquante pieds.

VII

Il se leva et se traîna clopin clopant vers une lumière qui brillait au bout d'une longue galerie. Bientôt il distingua une lampe près de laquelle étaient accroupies deux formes humaines. Il s'avança en rampant et reconnut Petit-Père-Bidoux.

Une vieille femme à cheveux blancs, qui semblait âgée de plus de cent ans, était en train de lui panser son bras : elle le frottait avec de la graisse qu'elle prenait dans un petit pot de grès. Cette opération absorbait l'homme et la femme au point qu'ils n'avaient rien entendu.

Gayant avait remarqué le soin que le petit grand-père mettait à garder sa lampe allumée. Devinant que là était le charme, il l'éteignit vivement, rassembla ses forces pour un suprême effort, et cette fois d'un coup de canne aplatit la tête de Petit-Père-Bidoux.

La vieille poussa une exclamation qui avait plutôt l'air d'un cri de joie que d'un cri de terreur. Le vainqueur ralluma la lampe.

— Qu'est-ce qu'il y a dans ce pochon ? dit-il.

— C'est du baume, mon doux seigneur, pour guérir les blessures.

L'éclopé s'en frotta tout le corps : comme aucun de ses membres ne manquait à l'appel, il se sentit sur-le-champ frais et gaillard. N'ayant usé que la moitié du baume, il enferma le reste dans son sac.

— Ah çà ! femme du diable, fit-il alors, tu vas me dire où sont les princesses Boule-d'Or et Boule-d'Argent.

— Tout de suite. Regardez autour de vous.

L'aventurier regarda et vit de vastes caveaux.

— Dans ces caveaux, reprit la bonne femme, sont les princesses que vous cherchez. Ouvrez le premier à droite : vous y trouverez la princesse Boule-d'Or ; mais surtout tenez-vous sur vos gardes !

Il poussa la porte de bronze, qui céda sur-le-champ.

Aussitôt du fond de l'antre partit un effroyable sifflement, et un serpent plus long et plus gros qu'un peuplier, s'élança la gueule béante. Gayant y plongea sa canne tout entière et, tendant à la vieille l'animal qui se tortillait horriblement :

— Tu peux le rôtir, dit-il. Il est embroché.

Il appuya son pied sur la tête du monstre expirant, et dégagea Marie Saguenon, après quoi il pénétra dans le caveau. Il salua poliment la princesse Boule-d'Or et lui présenta la main pour l'aider à sortir.

IX

La princesse Boule-d'Or était belle comme le soleil, et c'est à peine si on pouvait soutenir l'éclat de sa figure. Elle donna le bout de ses doigts à son libérateur et dit d'un air hautain :

— C'est fort bien, mon garçon. Vous êtes joliment laid, mais n'importe, voici ma boule : gardez-la précieusement et, quand nous serons là-haut, rapportez-la au roi mon père ; il reconnaîtra ce service.

— Je n'y manquerai pas, belle dame.

— Mais comment allez-vous me tirer d'ici ?

— Patience ! Il y a temps pour tout. Le plus pressé est de délivrer mademoiselle votre sœur.

— Faites ! répliqua Boule-d'Or.

Et elle s'assit sur l'escabeau en arrangeant les plis de sa robe.

X

Le caveau de Boule-d'Argent n'avait pas de porte, mais il était fermé par une immense toile d'araignée dont les fils paraissaient aussi solides que des fils de fer.

Dans un coin, derrière l'arnitoile, Gayant entrevoyait, sentinelle effrayante, une araignée grosse comme un veau. Le monstre le regardait de ses huit yeux qui brillaient dans l'ombre, pareils à des lumerotes. Il se dressait en silence sur ses pattes de devant, prêt à s'élancer sur le téméraire qui toucherait à ses fils.

Gayant s'avança résolûment et avec sa canne brisa l'arnitoile. L'araignée bondit à travers l'ouverture. Le héros n'eut pas peur, mais en face des huit longues pattes velues qui allaient l'enlacer, il resta un moment ébloui.

Le pauvre garçon eût été perdu, si Marie Saguenon ne s'était abattue d'elle-même comme la foudre.

Quatre pattes tombèrent du premier coup, et le second escarbouilla la tête de l'immonde animal. Gayant repoussa les tronçons du pied et alla délivrer Boule-d'Argent.

Boule-d'Argent brillait, modeste et simple, comme l'étoile du matin ; elle sauta au cou de son sauveur en disant :

— Je vous en prie, délivrez aussi ma sœur.

— C'est fait ! répondit le vainqueur.

Et il alla avec les princesses crier à son compagnon de descendre la corde.

XI

A la vue du câble trop court que Gayant considérait d'un air préoccupé :

— Quoi ! fit Boule-d'Or, vous n'avez point d'échelle, et c'est par cette vilaine corde que...

— Hélas ! oui, princesse, à moins que vous ne préfériez rester ici.

Tout en parlant, il ouvrit son couteau, écorcha le serpent comme une anguille et découpa sa peau en lanières qu'il assembla bout à bout. Il ramassa à terre le quartier de roc lancé par Tord-Chêne, y attacha cette corde d'un nouveau genre, et cria à son compagnon :

— Attention, là-haut ! nous allons remonter les princesses. Voilà une rallonge.

Et il lança l'énorme pierre.

Le câble allongé et descendu jusqu'en bas, il y attacha par la ceinture la princesse Boule-d'Or et cria à son camarade de tirer. Le précieux fardeau arriva sans encombre ; la corde descendit et remonta, emportant la princesse Boule-d'Argent, qui avait également donné sa boule à son sauveur.

XII

Quand il vit Boule-d'Argent aux mains de son compagnon :

— A mon tour maintenant, dit Gayant. Hé ! là-haut ! descends la corde !

La corde dévala.

Par une inspiration subite, au lieu de s'y attacher lui-même, le héros y attacha Marie Saguenon. Le câble remonta.

Il n'était point à mi-route qu'il retomba tout entier sur Gayant, qui faillit en être écrasé.

L'aventurier comprit combien il avait eu raison de se défier. Honteux de ses fanfaronnades, et craignant qu'il ne révélât sa lâche conduite, Tord-Chêne avait jugé bon de la couronner en le précipitant au fond du puits.

La situation devenait inquiétante. Gayant contemplait tristement les deux boules, quand la vieille lui dit en dodelinant de la tête :

— Voulez-vous me promettre de suivre en tout point mes indications ? Je vous fournirai un moyen de retourner là-haut.

— Je le jure, dit l'aventurier.

Elle cria :

— Ici, Colibri !

Et il vit paraître un oiseau géant, trois fois grand comme un aigle, et qui pourtant n'était autre qu'un corbeau.

L'oiseau ouvrit un bec énorme, et poussa un couac formidable.

— Minute ! mon gentil Colibri, répondit la vieille, tu vas avoir la becquée.

Elle ôta le couvercle d'un saloir qui contenait de la viande de bœuf.

— Prenez votre charge de ceci, dit-elle, montez sur le dos de Colibri, et chaque fois qu'il criera : Couac ! ne manquez pas de lui clore le bec avec un morceau de viande. C'est le seul moyen qu'il aille jusqu'en haut sans faiblir. Arrivé là, vous me le renverrez.

XIII

L'aventurier remercia chaudement la bonne femme, conduisit le corbeau vers le puits et monta dessus avec sa charge, sans oublier Marie Saguenon. Le corbeau déploya ses ailes immenses et fit : Couac !

Gayant lui ferma le bec avec une tranche de viande.

— Couac !

Deuxième becquée.

— Si je t'avais cru si bavard, pensa le cavalier, j'aurais emporté le tonneau tout entier.

L'oiseau n'était pas à mi-route, et les morceaux diminuaient à vue d'œil.

Gayant prit son couteau et les coupa en deux, mais les couac n'en devinrent que plus pressants.

Il approchait de l'ouverture, quand il donna la dernière becquée.

— Couac ! fit le corbeau.

— Tu as beau crier, fieu, je n'ai plus rien.

— Couac !

Et l'oiseau ralentissait son vol.

— Couac ! couac !

— Un peu de courage, mon gentil Colibri !

L'oiseau fit un effort désespéré. Il allait toucher

au but, mais il battit de l'aile et ne monta plus. Pour l'empêcher de descendre, l'aventurier mit sa bonne canne en travers du puits.

Dans cette extrémité, le pauvre Gayant se rappela l'histoire de la princesse qui, traversant la mer Rouge sur un griffon, laissa choir dans les flots une faîne d'où sortit aussitôt un hêtre immense où l'oiseau fatigué se reposa. Que n'avait-il, hélas! la faîne merveilleuse !

Le cavalier ne savait à quel saint se vouer. Tout à coup il lui vint une idée : sans hésiter, il coupa une tranche de sa cuisse; il en bourra le bec du corbeau qui recommença de monter.

— Couac !

Gayant, malgré la douleur, se coupa une carbonnade sur l'autre jambe, et l'oiseau atteignit enfin au bord.

— Me voilà joli garçon ! se dit-il. N'importe ! va retrouver ta maîtresse, mon beau Colibri.

Et le corbeau descendit en tournoyant, comme un vautour qui s'abat sur un pigeon ramier.

Le héros déboucla son sac pour y chercher de quoi panser sa blessure. Il y trouva le pochon de la vieille, auquel il ne songeait plus.

Il en usa si bien qu'il sentit repousser sa chair et, décidé à mener l'aventure jusqu'au bout, il se mit sur-le-champ en route pour la ville capitale du royaume des Pays-Bas.

XIV

Un doux souvenir l'encourageait : ce n'était point le souvenir de la princesse Boule-d'Or ; c'était l'image de l'aimable Boule-r   gent. Il ne pouvait s'empêcher de penser que Petit-Père-Bidoux avait fait preuve de goût en la plaçant sous la garde de l'araignée, le plus horrible des deux monstres.

Il arriva un beau matin à la ville capitale.

Comme il se promenait par les rues, cherchant un moyen de pénétrer jusqu'au roi, il vit un seigneur sortir de la boutique d'un orfèvre.

Il reconnut aussitôt Tord-Chêne, malgré les magnifiques habits dont le drôle était couvert.

Quand Tord-Chêne eut tourné le coin de la rue, Gayant s'approcha de l'orfèvre, qui était resté sur sa porte.

— N'est-ce pas ce seigneur, lui dit-il, qui a délivré les filles du roi ?

— C'est lui, en effet, répondit l'orfèvre, et il vient de me commander un travail qui n'est point aisé.

— Lequel, s'il vous plaît ? répliqua Gayant, frappé d'une idée subite.

— Qu'est-ce que cela peut vous faire ?

— Peut-être serai-je assez heureux pour vous y aider.

— Vous êtes donc orfèvre ? demanda l'autre en souriant. Vous n'en avez pas l'air.

— Ce n'est pas l'air qui fait la chanson, répondit Gayant.

— Eh bien ! les princesses avaient deux boules, une d'or et une d'argent. Elles les ont perdues en route et on vient de m'en commander de pareilles. Le roi ne veut pas que ses filles se marient sans leurs boules.

— Et qu'est-ce qui vous embarrasse ?

— Ce qui m'embarrasse, fieu, c'est que je n'ai jamais vu ces malheureuses boules. Je sais seulement que l'une portait gravée...

— La figure du soleil et l'autre celle de l'étoile du matin.

— Qui vous l'a dit ?

— Ces joyaux sortent de l'atelier du grand saint Éloi, votre patron. C'est lui qui, à l'époque où il vint prêcher dans ce pays, en fit présent au père du roi régnant. Ils avaient été fabriqués par son fils Oculi, mon maître, et le meilleur ouvrier du saint orfèvre.

Gayant en avait rarement débité aussi long et, pour la première fois de sa vie, il mentait, tant était grand son désir de revoir Boule-d'Argent.

— Et vous sauriez fabriquer de pareils bijoux ? reprit l'orfèvre.

— Fournissez-moi, avec l'or et l'argent nécessaires, un atelier où je sois seul.

— Quel salaire voulez-vous ?

— Peu de chose. Un sac de noix que vous me donnerez par avance.

XV

L'orfèvre accepta en riant ce marché bizarre et installa son homme dans une chambre. Une fois seul, le héros s'occupa à croquer ses noix : il tenait de sa mère nourrice un goût prononcé pour les fruits.

La femme de l'orfèvre, qui était curieuse comme Éve, alla plusieurs fois écouter à la porte de l'atelier, et jamais elle n'ouït que le bruit des noix que croquait le compagnon.

— Je ne sais si votre nouvel ouvrier abat beaucoup de besogne, dit-elle à son mari, mais quand on passe devant sa porte, on n'entend que cric-croc, cric-croc.

Vers onze heures, le patron voulut aller voir où en était l'ouvrage. En entrant dans la chambre, il fut salué par l'éternel cric-croc, et surprit le héros attablé devant un grand tas de coquilles.

— Eh bien ! camarade, fit-il, comment trouvez-vous mes noix ?

— Excellentes, notre maître, et voici vos boules.

— Déjà finies ?

— Est-ce qu'il y manque quelque chose ?

— Elles sont superbes, au contraire !

— En ce cas, je vas les porter tout de suite au palais.

XVI

Gayant se présenta de la part de l'orfèvre de la couronne, et la sentinelle le laissa passer. Il rencontra justement sous le vestibule toute la cour qui rentrait de la promenade.

Tord-Chêne donnait le bras à Boule-d'Or, le roi à Boule-d'Argent, et les courtisans suivaient deux par deux.

Le héros se mit, sans dire mot, à jongler avec les boules : elles brillaient au soleil d'un tel éclat que les gens crurent voir des étoiles en plein midi.

— Ma boule ! ma boule ! s'écrièrent Boule-d'Or et Boule-d'Argent, et elles quittèrent précipitamment le bras de leurs cavaliers.

— Je vous les rendrai, mesdemoiselles, fit-il, quand vous aurez raconté à monsieur votre père à quelle fin vous me les avez confiées.

— Il ment ! répondit Tord-Chêne. Je ne connais pas cette face d'ours.

— Mais d'où vient, ajouta le roi, qu'il a les boules ?

— C'est qu'il les a volées !

Le héros allait les lancer à la tête de l'imposteur. Le monarque l'arrêta d'un geste.

— Qu'en dites-vous, mesdemoiselles ? dit-il en se tournant vers les princesses.

Les princesses se taisaient : Tord-Chêne leur avait fait jurer sur leur salut éternel de ne jamais révéler la vérité.

XVII

En ce moment, un couac épouvantable retentit dans les airs ; on vit paraître un corbeau plus grand qu'une autruche et monté par une petite vieille qui le bourrait de morceaux de viande.

— La bonne fée Maglore ! dit le monarque avec surprise, et il se hâta d'ouvrir la fenêtre aux nouveaux arrivants.

— Oui, sire, la fée Maglore, que ce jeune héros

a tirée, ainsi que vos filles, des griffes de Petit-Père-Bidoux.

— Dans mes bras, mon gendre ! s'écria le roi, et, comme tu ne peux épouser mes deux filles d'un coup, choisis.

— Je choisis l'aimable Boule-d'Argent, dit Gayant, si toutefois elle veut bien d'un ourson tel que moi.

Boule-d'Argent rougit jusqu'au blanc des yeux, ce qui est la meilleure réponse en pareil cas. Son sauveur lui avait paru si bon et si courageux que, loin de le trouver laid comme un ours, elle l'avait vu beau comme un lion.

— Quant à ce seigneur, ajouta le monarque, au lieu de la main de notre fille, nous allons lui donner le bras d'une potence.

— Non, sire, il m'a aidé dans mon œuvre, et d'ailleurs il a touché le cœur de votre demoiselle.

— Tu crois ?

— Voyez plutôt.

Boule-d'Or se rapprochait en effet de Tord-Chêne, qui était blême comme un déserteur de cimetière.

« Je me trompe fort, pensa Gayant, ou le pauvre diable sera assez puni en épousant ma fière belle-sœur. »

XVIII

Le double noce eut lieu huit jours après. Gayant y invita les habitants de Cantin qui s'y rendirent en carrioles, en chars-à-bancs, en chariots, en charrettes et en barous, je veux dire en tombereaux.

Lorsqu'on fut près de se mettre en marche, on vit arriver l'ourse et ses quatre oursons, qui prirent la tête du cortége.

Venait ensuite la fée Maglore, rajeunie de soixante ans, vêtue d'habits magnifiques et montée sur son corbeau qui, cette fois, était transformé en vrai colibri, un gigantesque colibri. Gayant, toujours modeste, fermait la marche avec Boule-d'Argent et Marie Saguenon.

Le repas fut splendide : on y mangea des pimperboles, des craquelins, des cauchons aux pommes et on y but de la bière de Louvain. Le roi ouvrit le bal avec la mère nourrice de Gayant, et cela fit qu'on y fut d'une gaieté folle.

On y fut même si gai, qu'au moment d'aller au lit, en se passant l'allumette pour allumer les bougeoirs, on inventa le joli jeu que, du cri du méchant petit grand-père, on appela le jeu de *Petit bonhomme vit encore*.

XIX

C'est aussi en reconnaissance de ces mémorables événements qu'a lieu chaque année, à la ducasse de Douai, la *procession de Gayant*. Le héros se promène triomphalement par les rues, au son de la musique, avec sa femme et ses enfants.

Il est devenu aussi beau qu'il était laid de son vivant; il a plus de vingt pieds de hauteur, et madame Gayant que, par une bizarre confusion, les gens de Douai appellent Marie Saguenon, est presque aussi grande que son époux.

Jean Gélon, dit Gayant, n'est pas moins célèbre en Flandre que Culotte-Verte, dit le chevalier de Saint-Georges; la ducasse de Douai est tout aussi gaie que celle de Mons; la *Procession de Gayant* ne le cède en rien au *Combat du Lumçon* et, quelque part que vous rencontriez un Douaisien ou un Montois, vous n'avez qu'à fredonner le *turlututu* de la fameuse marche ou le *doudou* de l'illustre tournoi, et vous verrez les bonnes gens pleurer de joie au souvenir de leurs grands-pères Gayant et Culotte-Verte.

LE DRAPEAU DES TAILLEURS

I

u temps jadis, il y avait à Solesmes un petit tailleur du nom de Warlemaque, qui était curieux comme une femme. Assis les jambes croisées près de sa fenêtre, il avait sans cesse, tout en saquant son aiguille, l'œil et l'oreille au guet.

Il était d'ailleurs fort adroit de ses dix doigts, et de plus aussi voleur qu'un tailleur peut l'être.

Rarement Warlemaque avait coupé un habit ou une culotte sans jeter dans le coffre qu'on appelle l'houle, autrement dit l'enfer, un bon morceau de drap pour s'en faire un gilet.

Il avait, par ce moyen, rassemblé la plus belle collection de gilets qu'on pût voir : il en avait de blancs, de noirs, de bleus, de verts, de bariolés et d'autres à grands ramages, comme en portent à la ducasse les gens de Vendegies et de Bermerain.

II

Depuis longtemps Warlemaque volait ainsi sans vergogne, quand une nuit il eut un singulier rêve. Il rêva qu'il était devant le tribunal de Dieu. Il y avait à l'entour un imposant cortége d'anges et d'archanges.

Soudain, Warlemaque entendit qu'on l'appelait : il s'avança tout tremblant.

Un ange alors se détacha du groupe, fit quelques pas au milieu de l'enceinte et, sans dire un mot, déploya un grand drapeau de mille couleurs.

Warlemaque reconnut tous les morceaux de drap qu'il avait dérobés, et fut pris d'une telle peur qu'il se réveilla en sursaut.

Le lendemain, il conta son rêve à ses deux apprentis et leur dit :

— On est vraiment bien fou de se damner pour quelques misérables morceaux de drap ! Chaque fois que vous me verrez jeter, en coupant, quelque chose à l'houle, ne manquez pas de me crier : « Maître, rappelez-vous le drapeau ! »

— Nous n'y manquerons pas, répondirent les apprentis.

III

A dater de ce jour, Warlemaque se corrigea d'un de ses défauts : il resta le tailleur le plus curieux de Solesmes, mais il devint d'une probité scrupuleuse et qui nuisit énormément à ses confrères.

Les pratiques s'étonnaient qu'il lui fallût si peu d'étoffe pour les rhabiller.

— Comment cela se peut-il faire ? lui dit sa voisine, la mère Perpétue.

— Cela vient, répondit Warlemaque, de ce que les gens ont maigri. C'est singulier comme on maigrit à Solesmes depuis quelque temps ! La faute en est à ces gueux de brasseurs qui brassent de si mauvaise bière !

Il y avait bien trois mois que le petit tailleur n'avait rien jeté dans l'enfer, quand un matin le seigneur de Solesmes l'envoya querir et lui remit un magnifique coupon de drap d'or pour y tailler un habit de cérémonie.

Jamais Warlemaque n'avait rien vu d'aussi beau.

Il emporta le coupon et le déploya sur son établi : plus il le maniait, plus il sentait en lui une démangeaison de s'en offrir un morceau.

Enfin il s'assura du coin de l'œil que ses apprentis ne le regardaient point, et crac ! il en fit choir une demi-aune dans l'houle.

— Maître, rappelez-vous le drapeau ! crièrent les sournois, qui le guignaient en dessous.

— Oui, le drapeau, je sais bien, répondit Warlemaque, mais j'ai réfléchi qu'il y manquait justement un morceau de drap d'or.

IV

Dès lors, le petit tailleur retomba dans son péché mignon et, comme il arrive d'ordinaire en pareil cas, il vola dix fois plus qu'auparavant. Il vola tant, qu'une nuit il revit le drapeau aux mille couleurs.

Ce nouveau rêve le rendit sage pour quelques jours, mais bientôt il recommença de pourvoir l'enfer, en attendant qu'il y allât lui-même.

Un troisième rêve fit encore moins d'effet : le lendemain, en dérobant un morceau d'étoffe, Warlemaque eut l'audace de dire : — Bon ! voilà pour le drapeau !

Sa mauvaise réputation fut donc en un rien de temps si bien rétablie, qu'on ne lui aurait plus confié de quoi lever une paire de guêtres : chacun voulait lui voir tailler sous ses yeux ses habits et ses culottes.

C'est ce qu'exigea la mère Perpétue, un jour qu'elle vint lui apporter un coupon de drap olive pour rhabiller son homme de pied en cap.

« J'en aurai tout de même de ton drap ! » s'apensa le malicieux tailleur.

Et il imagina un expédient assez adroit.

Il coupa d'abord une large bande et la jeta par la fenêtre en disant :

— Voici déjà qui n'est bon à rien.

— Comment! qui n'est bon à rien! Je saurai bien en faire quelque chose, moi ! cria la mère Perpétue et, pendant qu'elle courait dans la rue ramasser son morceau, le tailleur se hâta d'escamoter une demi-aune de drap.

Par malheur il advint juste en ce moment qu'on cassa un carreau de vitre dans la maison d'en face. C'était le cordonnier qui s'expliquait avec sa ménagère et le chat, comme on dit en commun dicton, était sur le dressoir.

Le curieux Warlemaque releva la tête tout en continuant de jouer des ciseaux.

Il en joua, hélas! si maladroitement qu'il se coupa une artère et trépassa une heure après.

V

Quoiqu'il eût bien mérité de rôtir en enfer, le petit tailleur n'en prit pas moins la route du paradis.

Il y arriva un jour qu'il faisait beau, et que Dieu le Père était allé se promener dans les jardins du ciel avec les anges, les apôtres et les saints.

Il ne restait à la maison que saint Pierre, et le Seigneur lui avait recommandé de ne recevoir âme qui vive.

Warlemaque frappa tout doucement.

— Qui est là ? dit saint Pierre en ouvrant le guichet.

— Le petit Warlemaque, un pauvre et honnête tailleur.

— Honnête ! honnête ! murmura saint Pierre. Elle avait les mains crochues, ton honnêteté ! Avec le drap que tu as volé on pourrait, Dieu me pardonne ! faire un tapis qui irait d'ici à l'enfer.

— Oh ! monsieur saint Pierre ! Pour quelques méchants morceaux qui tombaient de l'établi et que les marchandes de loques n'auraient point ramassés dans la rue !

— C'est bon ! Va-t'en : ce n'est pas céans ta place. D'ailleurs, Dieu le Père m'a défendu de recevoir personne pendant son absence.

— Je vous en supplie, mon bon monsieur saint Pierre, ne me forcez pas de me remettre en route. Les tailleurs sont si mauvais marcheurs, que j'ai les pieds tout pleins de cloques. Ouvrez-moi la porte : je balayerai la maison, j'amuserai les enfants, et, par-dessus le marché, je raccommoderai vos hardes.

VI

Le concierge se laissa toucher : il entre-bâilla la porte juste assez pour que Warlemaque pût se glisser dans le paradis.

— Mets-toi là, dit-il, dans ce coin, derrière l'huis, et restes-y sans souffler, afin qu'à son retour, Dieu le Père ne te voie pas.

Le tailleur obéit et se fit si petit qu'on l'aurait perdu dans une potée de souris.

Au bout d'une heure, saint Pierre eut besoin de sortir un instant. Warlemaque, à qui les pieds démangeaient, se leva de sa cachette, ouvrit une porte, risqua un œil, fit quelques pas, s'enhardit, puis enfin s'en fut bravement de chambre en chambre visiter le paradis.

Il lui tardait de savoir à quoi s'en tenir sur son rêve, et si le drapeau aux mille couleurs existait véritablement.

Il n'aperçut nulle part le drapeau accusateur, mais il arriva à une salle ronde, magnifiquement ornée, où se trouvaient un grand nombre de siéges avec leurs escabeaux.

Au milieu brillait le trône d'or massif, enrichi de pierreries, où Dieu le Père s'asseoit, les pieds sur un escabeau d'or, pour voir ce qui se passe sur la terre.

VII

Le tailleur ébloui considéra longtemps le trône de tous ses yeux. A la fin, il ne put résister à l'envie de s'y asseoir : il vit alors d'un coup d'œil ce que les hommes font dans le monde entier, et on peut dire que jamais curieux ne se régala d'un pareil spectacle.

Quand le petit tailleur fut las de l'examiner en gros : « Voyons un peu, se dit-il, ce que font les gens de Solesmes. » Il porta ses regards de ce côté, et d'abord il avisa ses chemises qui blanchissaient sur le curoir, ou, si mieux vous l'aimez, le pré commun.

La mère Perpétue était justement en train d'y ramasser son linge. Ne voilà-t-il pas que tout à coup notre homme s'aperçut que la vieille prenait deux de ses plus belles chemises, à lui Warlemaque, et les emportait avec les siennes !

— Au voleur ! cria le tailleur ; mais la vieille ne se retournant pas, il saisit l'escabeau et le lui lança à la tête à travers le ciel.

L'escabeau lâché, Warlemaque sentit qu'il avait fait une sottise. Comme il ne pouvait aller le rechercher, il sauta bien vite à bas du trône et retourna se blottir à sa place, derrière la porte.

VIII

Il était temps, car l'huis s'ouvrit tout de suite après, et Dieu le Père rentra avec les anges, les apôtres et les saints. Le petit tailleur était si bien muché, que personne ne l'aperçut.

Malheureusement Dieu le Père fut tout droit s'asseoir sur le trône. Il ne trouva point l'escabeau pour y mettre ses pieds et appela saint Pierre.

— Qu'est devenu mon escabeau ? demanda-t-il.

— Je n'en sais rien, Seigneur Dieu, répondit saint Pierre.

— Tu n'as laissé entrer personne?

— Personne au monde, si ce n'est un petit tailleur qui est là derrière la porte.

— Qu'on me l'amène! dit Dieu le Père.

IX

Le petit Warlemaque s'avança tremblant comme la feuille.

— Tu n'as pas vu mon escabeau? lui demanda le Seigneur.

— Si fait, Seigneur Dieu, répondit le tailleur.

— Et qu'est-ce que tu en as fait?

— Oh! seigneur, c'est une indignité! En regardant sur la terre, n'ai-je pas aperçu la mère Perpétue qui me volait mes chemises! Cela m'a si fort révolté que je lui ai jeté votre escabeau à la tête.

— Comment, pendard, tu as jeté mon escabeau! Mais si, au lieu de t'envoyer des avertissements qui n'ont servi de rien, j'avais été aussi vif que toi, il y a belle heurette que je n'aurais plus céans ni escabeau, ni pincettes, ni tisonnier, ni pelle à feu! Veux-tu bien te sauver, vilain marmouset!

X

Le petit Warlemaque prit ses jambes à son cou et s'encourut droit au purgatoire; et, depuis lors, les tailleurs sont devenus si honnêtes, que le bon Dieu a laissé manger aux vers leur drapeau et qu'on a composé sur eux la chanson :

> Alleluia pour les tailleurs !
> Les cordonniers sont des voleurs.
>   Un jour viendra
>   Qu'on les pendra.
>   Alleluia !

LA MARMITE DU DIABLE

I

u temps jadis, il n'y avait sur la route de Valenciennes à Condé qu'un seul village, ou plutôt un hameau, le hameau d'Escaupont. Tout le reste du pays était couvert par l'immense forêt Charbonnière qui appartenait aux seigneurs, et, bien que le bois mort n'y manquât point, les pauvres gens soufflaient souvent dans leurs doigts, quand hurbêlait le vent de bise.

En ce temps-là, vivait à Escaupont un marissiau ou maréchal ferrant qui avait nom Jean Hullos, mais qu'on appelait communément le Cacheux, ce qui, selon les uns, veut dire le chasseur, à cause qu'il aimait à braconner, et, selon d'autres, le chercheur, parce qu'il avait toujours l'air de chercher quelque chose.

II

Or, un soir d'hiver que le Cacheux rôdait par la forêt, sur le mont d'Anzin, il avisa au loin une lumière rougeâtre qui brillait à travers les arbres.

Jean se dirigea de ce côté, car il gelait fort ce soir-là, et les dents lui claquaient comme le bec de cigognes.

Il arriva bientôt devant une hutte, regarda au travers de la porte et vit un grand feu qui flambait dans l'âtre.

On eût dit qu'il y avait dix lampes allumées, tant ce feu était clair et brillant, et pourtant il ne semblait fait ni de bois, ni de tourbe, ni de paille, ni de feuilles sèches, mais bien de grosses pierres noires qui brûlaient comme des tiges de colza.

Trois hommes, trois nains, tout noirs des pieds à la tête, étaient accroupis autour du foyer.

Un autre, à la place de Jean, se serait enfui bien vite, mais le marissiau avait la poigne comme son étau et ne craignait ni vent ni orage. Il était seulement étonné et pensait que ces pierres lui viendraient bien à point, à lui qui souvent avait tant de peine à chauffer le gros fer.

Il tira sa pipe et, entr'ouvrant la porte, il dit selon l'usage :

— Peut-on l'allumer, nos gens ?

L'un des trois nains lui fit signe d'entrer et, tout en bourrant sa boraine, Jean put observer ses hôtes.

Ils étaient complétement nus et velus comme des ours.

— Qu'est-ce que vous brûlez donc là, nos maîtres, sans être trop curieux ? demanda Jean Hullos.

Les trois nains se mirent à ricaner et à grimacer, après quoi le premier dit aux deux autres, en désignant le sol :

— Si on le savait, qu'il y a là-dessous, au fin fond du tréfonds, des trésors plus précieux que l'or et les diamants !

Puis il ajouta :

— Quand le chat n'y est pas, les souris dansent !

Et il fit une grimace, accompagnée d'un ricanement.

— Si on le savait, dit le second, qu'un jour les entrailles de la terre brûleront au soleil, les voitures marcheront sans chevaux, les vaisseaux vogueront sans voiles et les lampes brilleront sans huile !

Puis il ajouta :

— Quand le soleil est couché, toutes bêtes sont à l'ombre !

Et, comme son voisin, il couronna sa phrase par une grimace et par un ricanement.

— Si on le savait, dit le troisième en faisant les cornes, que, quand les hommes pilleront ses provisions, petit à petit, son règne finira dans le monde et qu'un jour peut-être sa marmite sera renversée !

— Qui ça ? De qui parlez-vous ? s'écria Jean.

Mais soudain retentit un coup de sifflet qui paraissait venir du tréfonds. Les trois nains se levèrent rapides comme des écureuils, et disparurent par un grand trou que le Cacheux n'avait point remarqué.

— Nom d'une pipe ! j'en aurai le cœur net ! dit-il, et il s'élança derrière eux dans un puits sans fond.

III

Jean Hullos descendit par une échelle assez roide et, au bout d'une heure, il arriva dans une sorte de cave ronde, d'où partaient de longues galeries basses, comme les raies d'une roue partent du moyeu.

Des lumières innombrables allaient et venaient dans ces galeries. Le Cacheux reconnut que c'étaient autant de nains qui, le front éclairé par des langues de feu, s'occupaient à une besogne étrange.

Les uns, accroupis ou couchés sur le flanc, enlevaient à coups de pic d'énormes blocs de pierre noire ; d'autres les chargeaient sur de petits chariots, que d'autres enfin traînaient par les galeries.

Ils remplissaient leur tâche avec une adresse et une agilité incomparables, riant, criant, gesticulant et gambadant comme une troupe de singes.

— Que faites-vous donc là, mes gars ? leur demanda Jean Hullos.

— Ah ! si on le savait, dit l'un d'eux, que c'est ici qu'on lui fournit de quoi les faire cuire !

— Qui ?... mais qui donc ? s'écria le Cacheux.

— Ah ! si on le savait ! si on le savait ! reprirent en chœur ses compagnons.

— Nom d'une pipe ! on le saura ! fit-il.

Et il enfila une des galeries, à la suite de quelques petits chariots.

La galerie débouchait sur une vaste plaine où s'élevaient encore d'énormes tas de pierres noires.

Près de là coulait un fleuve aux eaux jaunes et vertes, que traversaient de larges barques toutes chargées de ces pierres.

Jean grimpa sur un des tas pour voir de plus loin

et, de l'autre côté du fleuve, il aperçut, à travers un épais nuage de fumée, une immense chaudière, où il lui parut, spectacle épouvantable! qu'on mettait bouillir des hommes semblables à lui.

— Il va se faire arder! Il va se faire arder! crièrent les nains, et ils le forcèrent de descendre.

IV

Alors retentit un second coup de sifflet, qui se répéta de galeries en galeries. Tous les ouvriers jetèrent leurs outils, s'assirent en rond et chargèrent leurs pipes. Jean comprit que c'était l'heure du repos et fit tabac avec eux.

On apporta de grands brocs de bière écumante. Les noirs ouvriers en offrirent à leur hôte. Un vrai Flamand ne refuse jamais un verre de bière, fût-il offert par le diable en personne: Hullos accepta sans barguigner.

— A votre santé, nos maîtres! dit-il, et il vida son verre.

Il ne craignait qu'une chose, c'est que la bière n'eût un goût de brûlé. Elle était, au contraire, fraîche et piquante, aussi bonne que la bière d'Escaupont.

Cela fit que Jean vida tant et tant de fois son verre qu'il but trop d'un coup et s'endormit.

Etait-ce l'effet du houblon ou de quelque autre cause ? le Cacheux eut un rêve, et ce fut un rêve bien extraordinaire.

Devant lui bouillait la grande marmite, et sur elle était penché un géant cornu ayant le mufle d'un bouc, les yeux d'un chat-huant et les ailes d'une immense chauve-souris.

Armé d'une longue cuiller, le géant ailé touillait la marmite, lorsque lui, Jean Hullos, s'approcha intrépidement et, avec le seau de sa forge, arrosa les pierres noires qui brûlaient au-dessous.

Elles s'éteignirent en fumant, mais le géant saisit un énorme soufflet et souffla le feu avec rage.

Puis l'infernal cuisinier et sa marmite s'effacèrent peu à peu, et Jean ne vit plus que deux yeux qui brillaient dans l'ombre, pareils aux fours d'une verrerie.

Alors il ouït une voix qui disait :

— Pas encore ! pas encore ! On ne touche pas encore à la marmite !

Et il lui sembla qu'on l'enfermait dans un cercueil de plomb et qu'il s'y endormait d'un sommeil de plomb pour toute l'éternité.

V

Quand le Cacheux se réveilla, il se retrouva dans la forêt.

La lune pâlissait et le jour commençait à poindre, mais les oiseaux ne chantaient pas, vu qu'on était en hiver. Il regarda autour de lui, se frotta les yeux et chercha à mettre de l'ordre dans sa tête.

« Drôle de rêve ! dit-il en s'étirant. Je me sens tout rompu. Mais quelle idée aussi de dormir au soleil des bécasses par un froid à geler un boudin sur le gril ! Brrr ! la Jeanne doit être inquiète ! »

Il se leva pour regagner son logis. Chose singulière ! il ne reconnaissait point l'endroit où il se trouvait : là où la veille s'épaississaient des fourrés, il voyait maintenant des clairières, et la forêt lui semblait en général beaucoup moins drue.

Ne comprenant rien à ces changements, il s'orienta comme il l'eût fait en pays étranger, et descendit la montagne d'un pas pénible et mal assuré.

Au bout d'une demi-heure il rencontra un village. Cela le surprit de plus en plus, car Escaupont, comme chacun sait, est situé à une heure du mont d'Anzin.

Il vit venir de loin un berger avec ses moutons.

Le Cacheux connaissait tous les bergers d'alentour. Il ne reconnut point celui-là.

— Comment appelez-vous cet endroit ? lui dit-il.

— Ici, mon vieux père, c'est Bruai, lui répondit le berger dans un jargon qui ne semblait point tout à fait celui du pays.

Jean ne s'expliquait pas non plus pourquoi cet homme l'appelait « vieux père », lui qui n'avait point encore trente ans.

— Il me semblait bien, reprit-il, que ce n'était pas Escaupont.

— Escaupont est le clocher que vous apercevez tout là-bas, à une demi-lieue.

Le Cacheux marcha encore et parvint à Escaupont.

Il ne reconnut pas une seule des maisons du village, à l'exception de l'église, qui était toute crevassée et s'en allait en ruines. On en bâtissait une autre plus grande à côté.

— Est-ce que mon rêve serait déjà réalisé ? se disait-il. Mais les voitures qu'il avait rencontrées ne marchaient pas sans chevaux et il ne voyait nulle part les pierres noires qu'il avait vues flamber au fond de la terre.

Il arriva à sa chaumière ou plutôt à l'endroit qu'elle occupait : à sa place s'élevait une jolie maisonnette ombragée par un chêne.

Il se rappela que, six mois auparavant, lors de la naissance de sa fille, il avait planté un gland dans son courtil. Par un phénomène incompréhensible, en six mois le gland était devenu un chêne énorme.

VI

Jean Hullos ne savait s'il rêvait, ni s'il avait rêvé, s'il revenait bien du fond de la terre, et si, réellement, il avait eu affaire à Satan en personne.

Il entra dans la maisonnette, et vit une femme qui tenait un enfant dans ses bras ; mais ce n'étaient ni sa femme ni sa fille.

— Que demandez-vous, l'homme de Dieu ? Nous n'avons rien à donner, dit la jeune femme.

— Je ne demande mie l'aumône, je demande Jeanne.

— Quelle Jeanne ?

— Jeanne du Cacheux, autrement dit Jean Hullos.

— Je n'ai jamais ouï prononcer ces noms-là.

— C'est pourtant bien ici Escaupont ?

— Ici même.

Jean se laissa choir sur une chaise en criant :

— Ah ! c'est certain, je deviens fou !

A ce cri la femme eut peur.

— Allons, sortez ! lui dit-elle, vous n'êtes mie déjà si plaisant avec votre barbe d'une aune : vous avez tout l'air du Juif errant.

Jean porta la main à son menton et s'aperçut qu'en effet il avait une longue barbe blanche. Un miroulet ou petit miroir était accroché à la cheminée ; il s'y regarda et poussa un cri de désespoir. Il prit l'almanach, y jeta un coup d'œil et retomba sur sa chaise, évanoui.

Le malheureux venait de reconnaître qu'il avait vieilli de cent ans en une nuit.

La femme alla dire à ses voisines que le Juif errant était dans sa maison. Les voisines accoururent.

Cependant, le Cacheux revenait à lui. Il mit sa tête dans ses mains et resta là, comme un homme anéanti.

— D'où êtes-vous ? lui demandèrent les femmes.
— D'Escaupont.
— Y a-t-il longtemps que vous en êtes sorti ?
— Une nuit, et le village et moi nous avons vieilli de cent ans.
— Qu'avez-vous fait durant cette nuit-là ?
— Je suis allé au fond de la terre.
— Au fond de la terre ! Et qu'y avez-vous vu ?
— La marmite du diable.
— C'est donc un sorcier ! fit une voix.

A ces mots, les femmes s'écartèrent. La curiosité fit place à la crainte, et bientôt à la fureur.

— Au sorcier ! au sorcier !...

Ce cri attroupa tout le village.

Le mayeur vint comme les autres, et il eut beaucoup de peine à tirer le vieillard des mains de la foule, qui voulait le lapider. Il le conduisit lui-même à Valenciennes, sous l'escorte du garde champêtre.

VII

Hullos fut enfermé dans la prison pour être jugé le lendemain ; mais il advint que ce jour-là le grand prévôt mourut subitement : le procès fut remis à huitaine.

Quand le marissiau parut devant le tribunal, le pauvre vieux était si courbé par l'âge et la souffrance, qu'il n'avait point la force de lever la tête.

— Est-il vrai que vous soyez allé au fond de la terre et que vous ayez vu la marmite du diable ? lui demanda le nouveau juge.

— Cela est vrai, répondit le Cacheux.

— Et qu'y avez-vous vu encore ?

— Des trésors plus précieux que l'or et les diamants.

— Quels sont ces trésors ?

— Des pierres qui brûlent et qui feront qu'un jour les voitures marcheront sans chevaux, les vaisseaux vogueront sans voiles et les lampes éclaireront sans huile.

— Il n'y a que la magie pour opérer de pareils prodiges. Cet homme est un sorcier !

Le juge prononça ces paroles avec un tel accent de haine, que Jean leva les yeux.

Le grand prévôt ressemblait trait pour trait, sauf la taille, à l'effrayant personnage que Hullos avait vu sous la terre ; seulement, il avait caché ses cornes sous son bonnet, ses ailes de chauve-souris sous sa robe, son mufle sous une barbe touffue, et ses yeux de chat-huant sous des lunettes.

Les regards du juge et de l'accusé se croisèrent. Les yeux du juge se dilatèrent comme s'il avait fait nuit. A l'aspect de ces deux flammes, le Cacheux sentit qu'il était perdu.

Le prévôt parla ensuite quelque temps. De tout son discours, Jean n'ouït que ces mots :

— Qu'on mène demain cet homme au supplice !

Et Jean fut reconduit en prison, au milieu des imprécations de la foule.

Le lendemain on vint le prendre pour le mener au bûcher sur la Grand'Place.

VIII

C'était un samedi, jour de marché : il y avait beaucoup de paysannes des environs qui vendaient du beurre et des œufs, et qui buvaient de la blanche bière dans les cabarets.

Jean parut, la corde au cou et se traînant à peine. Jamais on n'avait vu un si vieil homme marcher au supplice, et les femmes ne pouvaient se tenir de le plaindre.

Quant à lui, il était résigné. Après tout ce qu'il avait souffert depuis le soir où sa fatale curiosité l'avait conduit au fond de la terre, il aimait autant mourir que vivre.

Pourtant, ce n'était point sans amertume qu'il envisageait son sort. Il tenait en ses mains un secret qui pouvait faire le bonheur du monde, et ce secret, il l'emportait avec lui !

Tout à coup, parmi la foule rangée sur son passage, il aperçut une jeune paysanne qui allaitait un enfant.

L'infortuné jeta un cri :

— Jeanne ! ma chère Jeanne !

Et, avant qu'on eût pu l'arrêter, il courut la prendre dans ses bras.

Il couvrait de baisers la mère et l'enfant, et ses larmes coulaient le long de sa barbe blanche. La mère et l'enfant ressemblaient si bien à sa femme et à sa fille que Jean oubliait que toutes deux devaient être mortes depuis longtemps.

La jeune paysanne se sentait prise de pitié pour le vieillard et se laissait embrasser en pleurant elle-même.

— Te souviens-tu de Jean Hullos, Jean le Cacheux? lui dit-il.

— Jean le Cacheux? J'ai souvent ouï ma grand'-mère prononcer ce nom, qui était celui de son grand-père.

— C'est moi, moi qui suis Jean le Cacheux!

IX

Une vieille femme de plus de quatre-vingts ans s'approcha alors.

— Si vous vous appelez Jean Hullos, autrement dit Jean le Cacheux, je suis votre petite-fille, et celle-ci est la fille de votre arrière-petite-fille.

Et la foule cria : Miracle! car jamais on ne vit une si merveilleuse ressemblance que celle des deux vieillards.

Jean pressa sa petite-fille sur son cœur.

— Tu es donc, disait-il, l'enfant de ma pauvre Jeannette, que j'ai laissée au sein de sa mère. Hélas ! où est-elle, ma jolie petite fille ?

— Elle est morte il y a vingt ans. Elle en avait quatre-vingts.

Tout le monde pleurait en écoutant ces paroles.

—D'où vient que vous n'habitez plus Escaupont ? reprit Jean Hullos.

— Ma grand'mère m'a souvent conté qu'après que mon grand-père eut disparu, elle avait quitté son village pour aller s'établir à Aulnoy, de l'autre côté de Valenciennes.

— Au bûcher ! cria une voix, la voix du juge.

Mais les femmes avaient pris parti pour le condamné, et elles se prirent à parler toutes à la fois :

— Ce n'est mie un sorcier ! c'est Jean le Cacheux, le grand-père de la Jeanneton, et on nous tuera plutôt que de le faire mourir !

— Ce vieux sait la place où sont enfouis des trésors, disaient les hommes de leur côté.

Et ils le délivrèrent des mains de ses gardes.

— Ecoutez-moi, braves gens, dit alors Jean Hullos, et vous ne mourrez plus de froid durant l'hiver. Sous le mont d'Anzin gisent d'énormes tas de pierres noires qui brûlent comme des tiges de colza. Un jour viendra où, grâce à ces pierres, les voitures marcheront sans chevaux, les vaisseaux vogueront sans voiles et les hommes vivront en joie et en prospérité.

— Et tu voulais, juge maudit, nous priver de tous ces bienfaits ! Au bûcher, le juge ! au bûcher, le scélérat !

Et la foule saisit le grand prévôt, le garrotta, le fit monter sur le bûcher et y mit le feu.

Mais voilà que soudain le jour s'obscurcit, une épaisse nuée descendit sur la flamme, et on vit le juge se transformer en une gigantesque chauve-souris qui prit son vol, plana quelque temps au-dessus de la ville, s'abattit sur le beffroi, y jeta trois cris sinistres et fila droit vers le mont d'Anzin.

X

Le lendemain, une vingtaine d'hommes résolus, guidés par Hullos, se rendirent, avec pics et pioches, au mont d'Anzin.

Ils n'y trouvèrent ni hutte, ni trou, ni échelle ; mais ils creusèrent à l'endroit que Jean leur indiqua et découvrirent le charbon de terre, qu'ils appelèrent houille, du nom de Hullos.

Ils y creusèrent un puits et amenèrent par là au soleil les entrailles du globe.

Le diable, pour se venger, allume quelquefois dans les mines de houille un feu qu'on nomme le feu grisou; mais il a beau faire, les ouvriers continuent de piller intrépidement ses provisions et d'en tirer la joie et la prospérité du monde.

LES DOUZE PRINCESSES
DANSANTES

I

u temps jadis, il y avait, au hameau de Montignies-sur-Roc, un petit vacher, sans père ni mère, qui s'appelait Michel et qu'on appelait le Badelot, parce qu'en menant ses vaches par les wareschaix ou terrains vagues, il allait toujours bayant aux corneilles.

Comme il avait la peau blanche, les yeux bleus et les cheveux blonds tout crôlés, — j'ai voulu dire tout frisés, — les fillettes du hameau lui criaient souvent :

— Hé! Badelot, à quoi busies-tu ?

— A rien, répondait Michel, et il passait son chemin sans les regarder.

La vérité est qu'il les trouvait laides avec leur cou hâlé, leurs grosses mains rouges, leurs cotterons de sayette et leurs sabots.

Michel avait ouï conter qu'il existait par le monde des jeunes filles au cou blanc, aux mains mignonnes, habillées de soie et de dentelles, qu'on nommait des princesses, et, tandis qu'assis autour du feu ses compagnons voyaient, comme on dit, vaches noires en bois brûlé, lui rêvait au bonheur d'épouser une princesse.

II

Une fois, devers la mi-août, sur le coup de midi, comme le soleil dardait, après avoir dîné de son briquet de pain sec, il s'endormit sous un chêne et rêva qu'il avait devant les yeux une belle dame en robe de drap d'or.

Cette dame lui dit :

— Va au château de Belœil; tu épouseras une princesse.

Le soir, le petit vacher raconta son rêve aux gens de la ferme. Il ne semblait pas trop répugner à suivre le conseil de la dame à la robe de drap d'or. Les bonnes gens se moquèrent du Badelot, comme de raison.

Le lendemain, à la même heure, il s'endormit de nouveau sous le même arbre ; la dame lui apparut et lui dit pour la seconde fois :

— Va au château de Belœil ; tu épouseras une princesse.

Michel raconta encore son rêve, et on lui rit au nez de plus belle.

— N'importe! fit-il, si la dame m'apparaît une troisième fois, je lui obéirai.

Le jour suivant, on ne fut pas peu surpris à Montignies-sur-Roc, quand vers deux heures on ouït crier :

>   Au rallô! au rallô !
>   Les vaques et les veaux !

C'était le petit vacher qui ramenait son troupeau à l'étable.

Le fermier entra contre lui en grande colère, mais il répondit simplement : — Je pars ! fit son paquet, dit adieu à tout le monde et partit résolûment.

Il y eut une vive rumeur dans le hameau et, du haut de la butte, les gens regardèrent, en riant à se tenir les côtes, le Badelot qui arpentait bravement la vallée de l'Honneau, son paquet au bout d'un bâton.

Il y avait de quoi.

III

C'était, en effet, une chose bien connue à vingt lieues à la ronde qu'il se trouvait au château de Belœil douze princesses merveilleusement belles, mais non moins fières, et d'ailleurs si délicates et si vraiment princesses, que si on avait mis un pois au fond de leur lit, elles l'auraient senti à travers dix matelas.

On racontait encore qu'elles menaient une vraie vie de princesse, dormant la grasse matinée et ne se levant qu'à midi. Elles avaient douze lits, tous dans la même chambre et, chose étonnante! bien qu'on les enfermât à triples verrous, chaque matin on trouvait leurs souliers de satin usés.

Quand on leur demandait ce qu'elles avaient fait durant la nuit, elles répondaient qu'elles avaient dormi. On n'avait, en effet, ouï aucun bruit dans leur chambre, et on ne pouvait comprendre comment leurs souliers s'usaient ainsi tout seuls.

Le duc de Belœil avait fait publier à son de trompe que quiconque découvrirait comment ses filles usaient leurs souliers, choisirait une épouse parmi elles.

Une foule de princes s'étaient présentés pour

courir l'aventure : ils avaient veillé derrière la porte entr'ouverte des princesses, mais le lendemain matin on ne les avait plus revus, et nul n'aurait pu dire ce qu'ils étaient devenus.

En arrivant au château, Michel s'en fut droit chez le jardinier et lui offrit ses services. Celui-ci venait juste à point de renvoyer son garçon.

Quoique le Badelot ne lui parût pas un gars bien dru, il l'embaucha, pensant qu'il plairait aux princesses par sa jolie figure et ses blonds cheveux crôlés.

Il le prévint tout d'abord qu'à l'heure du lever il devait leur porter à chacune un bouquet.

Michel estima que ce n'était point ce qu'il aurait à faire de plus désagréable.

Il se posta donc devant l'huis des princesses avec ses douze bouquets dans une corbeille. Il en présenta un à chacune des sœurs, et elles le prirent fièrement, sans regarder le garçonnet ; mais Lina, la plus jeune, fixant sur lui ses grands yeux de velours, s'écria :.

— Oh ! qu'il est mignon, notre nouveau bouquetier !

Les autres partirent d'un éclat de rire et la sœur aînée lui remontra qu'une princesse ne devait point abaisser ses regards sur un garçon jardinier.

Michel n'ignorait pas ce qu'on racontait des prétendants. Grâce aux beaux yeux de la princesse Lina, il n'en ressentit pas moins un violent désir de tenter l'entreprise.

Par malheur il n'osait s'offrir, craignant qu'on ne se moquât de lui et même que, pour prix de son outrecuidance, on ne le mît à la porte.

V

Cependant le Badelot eut un nouveau rêve. La dame à la robe de drap d'or lui apparut tenant d'une main deux jeunes lauriers — un laurier-cerise et un laurier-rose ; — de l'autre, une petite pioche en or, un petit seau d'or et un essuie-mains en soie. Elle lui dit :

— Plante ces deux lauriers dans deux grands pots, pioche-les avec la piochette, arrose-les avec le seau et essuie-les avec l'essuie-mains. Puis, quand ils auront atteint la taille d'une garcette de quinze ans, dis à chacun d'eux : « Mon beau laurier, avec la piochette en or je t'ai pioché, avec le petit seau d'or je t'ai arrosé, avec l'essuie-mains en soie je t'ai essuyé. » Demande ensuite ce qu'il te plaira, les lauriers te le donneront.

Michel remercia la dame à la robe de drap d'or et, à son réveil, trouvant les deux lauriers, il exécuta de point en point ce qu'elle lui avait recommandé.

Les arbrisseaux grandirent vite, et quand ils eurent atteint la taille d'une fillette de quinze ans, il dit au laurier-cerise :

— Mon beau laurier-cerise, avec la piochette en or je t'ai pioché, avec le petit seau d'or je t'ai arrosé, avec l'essuie-mains en soie je t'ai essuyé. Donne-moi un moyen de me rendre invisible.

Aussitôt parut sur le laurier une jolie fleur blanche. Michel la cueillit et l'attacha à sa boutonnière.

VI

Le soir, quand les princesses montèrent se coucher, il les suivit à pieds déchaux pour faire moins de bruit, et se cacha sous un des douze lits afin de laisser la place libre.

Les princesses se mirent aussitôt à ouvrir leurs

armoires et leurs cartons ; elles en retirèrent des parures magnifiques, s'habillèrent devant leurs miroirs, et se tournèrent en tous sens pour admirer leurs toilettes.

De sa cachette Michel ne pouvait rien voir, mais il pouvait entendre, et il entendait les princesses rire et sauter de plaisir. Enfin, l'aînée dit :

— Dépêchons-nous, mesdemoiselles, nos danseurs vont s'impatienter.

Au bout d'une heurette, quand le Badelot n'ouït plus autant de bruit, il risqua un œil et vit les douze sœurs superbement parées, ayant aux pieds leurs souliers de satin et aux mains les bouquets qu'il leur avait apportés.

— Êtes-vous prêtes ? demanda l'aînée.

— Oui, répondirent en chœur les onze autres, et elles se rangèrent à la file derrière elle.

L'aînée alors frappa trois fois dans ses mains et une trappe s'ouvrit. Toutes les princesses disparurent par un escalier dérobé, et Michel se hâta de les suivre.

Comme il marchait sur les talons de la princesse Lina, il mit par mégarde le pied sur sa robe.

— Il y a quelqu'un derrière moi, cria la princesse ; on retient ma robe.

— Petite sotte ! répondit l'aînée ; tu as toujours peur ; c'est quelque clou qui a accroché ta robe.

VII

Elles descendirent, descendirent, descendirent et arrivèrent enfin dans un corridor au bout duquel était une porte fermée au loquet. L'aînée l'ouvrit et on se trouva dans un ravissant petit bois dont les feuilles étaient pailletées de larmes d'argent qui luisaient aux rayons d'une lune éclatante.

On traversa ensuite un autre boqueteau qui avait des feuilles piquetées d'or, puis un troisième où étincelaient des feuilles semées de diamants.

Enfin le Badelot aperçut un grand lac et, au bord de ce lac, douze petits bateaux pavoisés où se tenaient douze princes qui, la rame à la main, attendaient les princesses.

Chacune d'elles entra dans un bateau, et Michel se glissa dans celui de la plus jeune. Les barques filèrent rapidement, mais celle de Lina, plus chargée que les autres, resta en arrière.

— Nous n'allons pas, dit la princesse, aussi vite qu'à l'ordinaire. Qu'est-ce qu'il y a donc ?

— Je ne sais, répondit le prince. Je rame pourtant de toutes mes forces.

De l'autre côté du lac, le petit jardinier vit un

beau château brillamment illuminé, d'où sortait une joyeuse musique de violons, de timbales et de trompettes.

On ne tarda point à y aborder et la compagnie sauta hors des barques. Après les avoir amarrées, les princes offrirent leur bras aux princesses et entrèrent dans le château.

VIII

Michel les suivit et pénétra derrière eux dans la salle du bal. Ce n'étaient que lustres, torchères, glaces, tentures de damas, corbeilles de fleurs. Le Badelot en resta tout ébloui.

Il se tenait dans un coin, admirant la grâce et la beauté des princesses. Il y en avait de brunes, de blondes, de châtain-clair, de châtain-foncé et d'autres aux cheveux d'or. Jamais on ne vit sur la terre une si belle réunion de princesses ; mais celle qui paraissait au vacher la plus belle et la plus aimable, c'était la petite princesse brune aux yeux de velours.

Avec quelle ardeur elle dansait ! Penchée sur l'épaule de son cavalier, elle se laissait emporter comme dans un tourbillon. Ses joues s'empourpraient, ses yeux étincelaient, et l'on voyait sans peine que la danse était pour elle le plaisir le plus enivrant.

Le pauvre garçonnet enviait le sort des beaux cavaliers au bras de qui elle dansait avec tant de grâce : il ne se doutait pas combien sa jalousie avait peu de fondement.

Ces beaux cavaliers étaient, en effet, les princes qui, au nombre de plus de cinquante, avaient entrepris de dérober le secret des princesses. Celles-ci leur avaient fait boire un philtre qui glaçait le cœur et ne laissait d'amour que pour la danse.

IX

On dansa jusqu'au moment où les souliers des princesses furent troués. Quand le coq chanta pour la troisième fois, les violons s'arrêtèrent, et des négrillons servirent un délicieux souper consistant en couques sucrées, craquelins, gaufres, rondelins, carrés de Lille et autres friandises qui forment, on le sait, l'ordinaire des princesses.

Après le souper, les danseuses regagnèrent leurs bateaux, et le Badelot monta dans celui de l'aînée. On traversa de nouveau le bois aux feuilles pailletées de diamants, celui dont les feuilles étaient piquées d'or et celui où elles étaient semées de gouttelettes d'argent.

Comme preuve de ce qu'il avait vu, le jeune gars cassa une petite branche à un arbre du dernier boqueteau. Lina se retourna au bruit que fit la branchette.

— Quel est ce bruit ? dit-elle.

— Ce n'est rien, répondit la sœur aînée. C'est le cri de l'effraie qui niche dans les tours du château.

Michel prit alors les devants, remonta vivement l'escalier, arriva dans la chambre des princesses, ouvrit la fenêtre, descendit le long de la vigne qui tapissait le mur et, comme le ciel commençait à blanchir, il se mit à sa besogne.

X

Quand il fit les bouquets, Michel cacha la branchette aux feuilles piquetées d'argent dans celui qu'il présenta à la petite princesse.

Lina, en la découvrant, fut fort étonnée. Elle ne dit rien à ses sœurs, mais lorsque, en se promenant à l'ombre des charmilles, elle rencontra le jeune gars, elle s'arrêta comme pour lui parler, puis elle continua brusquement son chemin.

Le soir, les douze sœurs allèrent encore au bal; le Badelot les suivit de nouveau et traversa le lac dans le bateau de Lina. Ce fut le prince qui, cette fois, se plaignit que le bateau lui semblât lourd.

— C'est la chaleur, répondit la princesse. Il me semble aussi qu'il fait bien chaud.

Durant tout le bal, elle chercha des yeux le petit jardinier, mais en vain.

En revenant, Michel cueillit une branche dans le boqueteau aux feuilles pailletées d'or et, cette fois, ce fut l'aînée des princesses qui entendit le bruit que fit la branche en se cassant.

— Ce n'est rien, lui dit Lina; c'est le cri de l'effraie qui niche sur les tours du château.

XI

A son lever, elle trouva le rameau dans son bouquet. Quand les sœurs descendirent, elle resta un peu en arrière et demanda au petit vacher :

— D'où vient cette branche d'arbre?
— Mademoiselle le sait bien, répondit Michel.
— Ainsi, tu nous a suivies?
— Oui, princesse.

— Comment as-tu fait? Nous ne t'avons pas vu.
— Je me suis caché, répondit simplement le Badelot.

La princesse se tut un instant, puis tout à coup :
— Tu as notre secret, dit-elle. Garde-le; voici pour payer ta discrétion.

Et elle jeta au garçonnet une bourse pleine d'or.
— Je ne vends pas mon silence, répondit Michel; et il s'éloigna sans ramasser la bourse.

Durant trois nuits, Lina ne vit et n'ouït rien d'extraordinaire; la quatrième, elle entendit du bruit dans le bois aux feuilles pailletées de diamants. A midi, il y avait une branche dans son bouquet.

Elle prit à part le Badelot et lui dit d'une voix dure :
— Tu sais de quel prix mon père a promis de payer notre secret?
— Je le sais, princesse, répondit Michel.
— Que ne vas-tu le lui livrer?
— Ce n'est point mon idée.
— Tu as peur?
— Non, princesse.
— Alors, d'où vient ta discrétion?

Michel ne répondit rien.

XII

Les sœurs de Lina l'avaient vue causant avec le petit jardinier, et elles se moquaient de leur cadette.

— Qui empêche que tu ne l'épouses? lui disait la sœur aînée; tu seras jardinière, c'est un joli métier. Tu habiteras une chaumière au bout du parc, tu aideras ton mari à tirer de l'eau du puits et, à notre lever, c'est toi qui nous apporteras nos bouquets.

La princesse Lina était furieuse. Quand le Badelot lui remettait son bouquet, elle le recevait de l'air le plus dédaigneux.

Michel le lui présentait respectueusement; jamais il ne levait les yeux sur elle, mais presque toute la journée, elle le sentait à ses côtés sans le voir.

Une après-midi, elle résolut de s'en ouvrir à sa sœur aînée.

— Quoi! fit celle-ci, ce drôle a notre secret, et tu as tardé si longtemps à m'en avertir! Je vais de ce pas nous en débarrasser.

— De quelle façon?

— Parbleu! en le faisant conduire dans la tour aux oubliettes.

C'est ainsi qu'au temps jadis les belles princesses se débarrassaient des gens trop curieux.

Chose étonnante ! la sœur cadette ne goûta nullement cette manière de fermer la bouche au garçonnet qui, d'ailleurs, ne disait rien.

XIII

On convint de soumettre la question aux dix autres sœurs. Toutes partagèrent l'avis de l'aînée. La cadette alors déclara que, si on touchait un cheveu du petit jardinier, elle irait elle-même révéler à leur père le secret des souliers usés.

Enfin, il fut décidé qu'on inviterait Michel à tenter l'épreuve, qu'on l'emmènerait au bal et qu'à la fin du souper on lui verserait le philtre qui devait l'enchanter comme les autres.

On fit venir le Badelot et on lui demanda comment il s'y était pris pour percer le mystère ; mais il resta muet.

Alors, d'un ton impérieux, l'aînée des sœurs lui transmit l'ordre du conseil. Il répondit simplement :

— J'obéirai.

Il venait d'assister invisible à la séance et avait

tout entendu ; il était résolu à boire le philtre et à se sacrifier ainsi au bonheur de celle qu'il aimait.

Ne voulant point faire au bal plus mauvaise figure que les autres danseurs, il se rendit sur-le-champ auprès de ses lauriers et dit :

— Mon beau laurier-rose, avec la piochette en or je t'ai pioché, avec le petit seau d'or je t'ai arrosé, avec l'essuie-mains en soie je t'ai essuyé. Habille-moi comme un prince.

Une belle fleur rose parut. Michel la cueillit et se trouva tout à coup vêtu de velours noir comme les yeux de la petite princesse, avec une toque, une aigrette en diamant et une fleur de laurier-rose à la boutonnière.

Le soir, il se présenta ainsi paré devant le duc de Belœil et obtint la permission de veiller pour découvrir le secret de ses filles. Il avait si bonne mine qu'on eut peine à le reconnaître.

XIV

Les douze princesses montèrent se coucher. Michel les suivit, attendit derrière la porte entr'ouverte et parut au signal du départ.

Il ne se mit point dans le bateau de Lina ; il donna

le bras à l'aînée des sœurs, dansa tour à tour avec chacune d'elles, et le fit de si belle grâce que tous en furent ravis.

Le moment vint de danser avec la petite princesse : il s'en acquitta le mieux du monde, mais n'osa lui adresser la parole.

Pendant qu'il la reconduisait à sa place, elle lui dit d'un ton moqueur :

— Vous voilà au comble de vos vœux : on vous traite comme un prince.

— Ne craignez rien, répondit doucement le Badelot, vous ne serez point jardinière.

La petite princesse le regarda d'un air effaré, et il s'éloigna sans attendre la réponse.

Lorsque les souliers de satin furent usés, les violons s'arrêtèrent et les négrillons dressèrent la table. Michel fut placé à la droite de la sœur aînée, en face de la cadette.

On lui servit les mets les plus exquis, on lui versa les vins les plus capiteux ; pour mieux lui tourner la tête, on lui prodigua les compliments les plus flatteurs.

Il ne se laissa enivrer ni par les vins ni par les compliments.

XV

Enfin, la sœur aînée fit un signe, et l'un des pages noirs apporta une grande coupe d'or.

— Le château enchanté n'a plus de secrets pour vous, dit-elle au Badelot. Buvons à votre triomphe !

Il jeta un dernier regard sur la petite princesse et porta la coupe à ses lèvres, sans pâlir.

— Ne bois pas ! s'écria tout à coup la princesse. J'aime mieux être jardinière.

Et elle fondit en larmes.

Michel jeta derrière lui le contenu de la coupe, franchit la table d'un bond et tomba aux pieds de Lina.

Tous les princes tombèrent également aux genoux des princesses, qui choisirent chacune un époux et lui donnèrent la main pour le relever. Le charme était rompu.

Les douze couples remontèrent dans les barques, qui firent plusieurs voyages pour passer les autres princes.

Tous traversèrent ensuite les trois boqueteaux et, quand ils eurent franchi la porte du souterrain, ils entendirent un grand bruit, comme si le château enchanté s'écroulait.

On se rendit droit à la chambre du duc de Belœil, qui justement venait de s'éveiller. Michel tenait à la main la coupe d'or, et il révéla le secret des souliers usés.

— Choisis donc, dit le duc, celle que tu préfères.

— Mon choix est fait, répondit le petit jardinier, et il offrit la main à la petite princesse, qui rougit et baissa les yeux.

Huit jours après, il l'épousa, et chacune des princesses épousa un des princes désenchantés.

XVI

La princesse Lina ne devint pas jardinière, et ce fut le Badelot qui, au contraire, devint prince; mais avant la cérémonie, la fiancée exigea que son futur lui contât comment il s'y était pris pour découvrir le mystère.

Il lui montra les deux lauriers qui l'avaient aidé. En fille prudente et avisée, elle jugea qu'ils donneraient à son époux un trop grand avantage sur sa femme. Elle les coupa par le pied et les jeta au feu.

Et de là vient que les fillettes de chez nous et d'ailleurs chantent :

> Nous n'irons plus au bois,
> Les lauriers sont coupés

en dansant des rondes, l'été, par les clairs de lune.

LA DAME DES CLAIRS

I

Au temps jadis, il y avait à Paluel, du côté de Cambrai, un pauvre tisserand à qui sa femme allait bientôt donner un enfant. Or, une nuit, celle-ci rêva que, si elle mangeait de la véronique, elle mettrait au monde une fille qui aurait la plus merveilleuse chevelure qu'on pût voir.

Il fallait, d'après son rêve, que la véronique fût cueillie, à minuit sonnant, dans le jardin de la *Dame des Clairs*. Les clairs, ou plaines liquides, s'étendaient alors à Paluel beaucoup plus loin que de nos jours.

Ils étaient aux trois quarts bordés par la forêt et, au milieu du lac, dans un petit ilot, fleurissait, disait-on, le jardin enchanté.

Nul, de peur de fâcher la Dame des Clairs, n'osait approcher de son domaine. Pourtant la femme du tisserand tourmenta tellement son mari que, par une nuit noire comme le cœur de la cheminée, il prit une barque et rama vers l'îlot.

Il y aborda heureusement, se glissa à pas de loup dans le potager et, à la lueur d'une lanterne sourde, y cueillit les pousses de véronique les plus tendres qu'il put trouver.

Il achevait d'en remplir son panier, quand soudain parut la Dame des Clairs.

— Que fais-tu là? lui dit-elle.

— Pardonnez moi, bonne dame, répondit-il, je cueille un peu de véronique pour ma femme, qui meurt d'envie d'en manger.

— Je te pardonne, mais à une condition, c'est que tu me donneras ce qui va naître demain, à pareille heure, dans ta maison.

Le tisserand n'attendait pas son enfant sitôt, et il avait une chèvre tout près de chevroter. Il promit ce qu'exigeait la dame et emporta sa salade.

Sa femme la mangea sur-le-champ et, le lendemain, à minuit sonnant, elle mit au monde une fille qui avait de beaux cheveux, blonds comme les blés. La bique ne biqueta qu'une heure après.

Le tisserand et sa femme furent désolés, mais qu'y faire ? Tous les deux moururent d'ailleurs d'une peste qui vint l'année d'ensuite, et Véronique, — c'est le nom dont ils avaient baptisé l'enfant, — fut recueillie par un voisin charitable.

II

Véronique grandit sans qu'on ouît parler de la Dame des Clairs, mais un jour qu'elle allait à l'école, son petit panier au bras, elle rencontra une belle dame aux yeux verts, dont la robe était mouillée à l'endroit de l'ourlet.

Cette dame prit Véronique par la main et la conduisit en son domaine, où elle l'enferma dans une tour de cristal de roche qui n'avait ni porte, ni escalier, et où l'on ne pénétrait que par une seule fenêtre, qui s'ouvrait tout en haut.

La tour était si transparente que, au soleil comme à l'ombre, elle se confondait avec l'air, de sorte que de loin on ne pouvait l'apercevoir.

III

La Dame des Clairs installa la fillette au faîte de la tour, devant une table garnie de pièces de toile tissée avec les fils de la Vierge.

— Tu gagneras ta vie, lui dit-elle, à tailler et à coudre mes chemises. Je les aime très-fines et j'en use beaucoup. C'est un métier que je t'aurai vite appris.

De fait, Véronique devint bientôt fort habile et passa ainsi plusieurs années durant lesquelles sa chevelure grandit, épaisse et soyeuse. A dix-sept ans, ses cheveux, blonds comme de l'or fin, tombaient jusqu'à ses talons et, chose singulière, ils s'allongeaient à sa volonté.

La dame venait souvent la voir et elle lui criait du pied de la tour :

-- Véronique, descends tes cheveux, que je monte !

Véronique dénouait ses longues tresses d'or, les tournait autour d'un des crochets de la fenêtre et les laissait pendre au dehors.

Elles s'allongeaient jusqu'à terre et la dame montait par cette échelle d'un nouveau genre.

La seule distraction de la captive était, sa journée finie, de peigner sa chevelure et de contempler les sarcelles, les cygnes et les canards sauvages qui s'abattaient sur le tranquille miroir des clairs.

La pauvre fille s'ennuyait beaucoup; elle songeait qu'elle ne se marierait jamais et qu'elle vivrait toujours seule dans cette tour. Il lui semblait que, si elle avait pu se marier comme les autres femmes, elle eût été une épouse aimante et fidèle et qu'elle aurait fait le bonheur de son époux.

Quelquefois elle chantait pour charmer son ennui : elle avait une voix pure et argentine qui s'étendait au loin jusque dans la forêt, et les gens assez hardis pour s'aventurer de ce côté croyaient ouïr la voix d'un ange.

IV

Un soir, au retour de la chasse, le jeune comte d'Oisy passa le long des clairs. Il entendit le chant de Véronique, regarda partout et ne put découvrir d'où sortait cette voix ravissante.

Le lendemain, il revint à la même heure et entendit la même voix. N'étant pas de naturel peureux, il prit une barque et rama vers l'îlot de la Dame des Clairs.

Quand il en fut assez près, il vit au-dessus du lac une jeune fille d'une beauté merveilleuse, qui peignait ses longs cheveux d'or dans la pourpre du soleil couchant.

Comme il ne pouvait distinguer la tour à cause de sa transparence, la jeune fille lui paraissait suspendue en l'air.

Il resta quelques minutes ébloui, puis il se hâta de gagner l'îlot : il reconnut alors que la belle aux tresses d'or n'était pas suspendue entre la terre et l'eau, mais enfermée au haut d'une tour de cristal. Il chercha la porte de la tour et s'aperçut qu'il n'y avait point de porte.

Tout à coup il ouït du bruit à quelques pas et vit la Dame des Clairs qui venait faire visite à Véronique. Il se cacha derrière un arbre. La dame cria :

— Véronique, descends tes cheveux, que je monte !

Véronique descendit ses cheveux qui, à la grande surprise du jeune comte, dévalèrent jusqu'au pied de la tour, et la dame y monta.

Il attendit quelque temps, mais voyant que la visiteuse ne quittait pas la jeune fille, il s'en retourna à son château en rêvant à cette étrange aventure.

V

Le lendemain, il revint encore rôder de ce côté et, quand la nuit fut tout à fait close, il cria en contrefaisant la voix de la dame :

— Véronique ! descends tes cheveux, que je monte !

Véronique déroula sa chevelure embaumée, et le comte y monta. A sa vue, la jeune fille poussa un cri d'effroi. Il sauta néanmoins dans la chambre et, tombant à ses genoux, il s'efforça de la rassurer : il y parvint sans peine.

La veille et le soir même, Véronique l'avait aperçu ; il lui avait paru beau et de taille élégante ; elle s'était dit au fond de son cœur que celle qu'il prendrait pour épouse serait bien heureuse.

Il lui proposa alors de la délivrer et de l'emmener à son château, afin de l'épouser : il parlait d'une voix si douce et si tendre, qu'il l'eut bientôt persuadée.

La prisonnière consentit à ce qu'il apportât le lendemain une échelle de corde. Ils l'attachèrent à la barre de la fenêtre et tous les deux se sauvèrent par cette voie ; ils entrèrent ensuite dans la barque et le comte fit force de rames.

Au moment où, ayant touché terre, ils se trouvaient hors des atteintes de la dame, ils se retournèrent et la virent debout, sur l'eau, à quelques pas derrière eux.

— Comte d'Oisy, dit-elle, tu m'as enlevé ma captive ! Malheur à toi, si je te retrouve sur mon domaine !

VI

Arrivé à son château, le comte d'Oisy épousa Véronique, comme il l'avait promis. Les époux s'aimaient du plus ardent amour, et le ciel bénit leur union. Neuf mois après, la belle aux tresses d'or donna à son mari deux fils jumeaux, qui étaient d'une rare beauté.

La comtesse voulut les nourrir et les agazouiller elle-même. Elle passait sa vie à les dodeliner, à les parer et à les adoniser.

Dès qu'ils purent marcher sans lisières, elle les garda toujours, ainsi qu'une poule fait de ses poussins, à la ronde de son œil, et rien n'était charmant comme de la voir se promener dans le parc, suivie de ses deux enfants, qui la tenaient par ses longues tresses d'or.

Ce bonheur dura cinq ans, au bout desquels l'un des jumeaux vint à mourir. Ce fut une grande désolation dans le château, et la comtesse pleura toutes les larmes de ses yeux.

Elle ne pouvait se faire à l'idée de savoir le petit corps blanc dans la terre humide et froide, et c'est pourquoi sa douleur était inconsolable.

VII

Une nuit, l'enfant mort lui apparut : il s'assit à sa place accoutumée et se mit à jouer; il y resta jusqu'au matin et, durant toute la nuit, la comtesse le regarda en pleurant.

Quelques jours après, comme ses larmes ne tarissaient point, l'enfant se montra encore. Il était vêtu de la petite chemise avec laquelle on l'avait couché dans le cercueil, et il avait sur la tête sa couronne de roses blanches; il s'assit au pied du lit.

— Mère, dit-il, tes larmes mouillent ma petite chemise de mort, et cela m'empêche de dormir dans mon cercueil : cesse donc de pleurer, mère chérie, et reporte tout ton amour sur mon frère.

Véronique cessa de pleurer, mais son autre fils tomba malade de langueur. Le désespoir de la mère fut sans bornes. L'enfant mort lui apparut de nouveau ; cette fois il tenait dans ses mains trois pommes d'or.

— Mère, dit-il, voici trois pommes du jardin du paradis : tu les donneras à mon frère lorsque son mal le fera trop souffrir.

Elle prit les pommes, et chaque fois que l'enfant pleura, elle lui en donna une. L'enfant jouait avec la pomme et, quand il avait retrouvé sa gaîté, il la rendait à sa mère, qui la serrait précieusement.

VIII

Pour se distraire de sa douleur, le comte passait presque toutes ses journées à la chasse ; il partait à l'heure où les chats mettent leurs chausses et s'enfonçait au plus profond des bois.

La comtesse n'avait pas oublié la menace de la Dame des Clairs. Chaque matin elle disait :

— Surtout, ô mon époux, ne chasse pas, je t'en supplie, du côté des clairs.

Et le comte lui répondait :

— Ne crains rien, ô ma belle adorée, jamais je ne vais de ce côté.

Un jour il leva une biche d'une blancheur éclatante qui le promena durant quatre heures, paraissant toujours près de se laisser atteindre. Emporté par son ardeur, il ne remarqua point qu'elle le conduisait peu à peu du côté des clairs.

Soudain, par un brusque écart, la biche débûcha sur le lac et s'y plongea toute fumante. Le comte fit feu et blessa l'animal, qui alla au fond en se débattant.

Sans réfléchir, il sauta dans l'eau pour saisir son gibier, mais il n'y fut pas plus tôt, que la dame aux yeux verts l'enlaça de ses bras humides. Elle l'entraîna si vite au fond que c'est à peine si le miroir de l'eau en fut troublé.

Cependant Véronique, ne le voyant pas revenir, commença de s'inquiéter. Vers minuit, elle fit battre la forêt aux flambeaux ; le jour suivant, on continua les recherches ; ce fut en vain.

Le soir, la comtesse pensa que, malgré sa promesse, le comte avait peut-être chassé du côté des clairs. Elle y alla et, pleurant et se tordant les mains, elle appela son bien-aimé par son nom, mais rien ne lui répondit; elle fit le tour du lac et ne craignit point d'appeler la dame elle-même ; elle n'en reçut aucune réponse.

Le miroir de l'eau restait immobile et, au fond de l'étang, le disque échancré de la lune lui montrait ses cornes, sans bouger.

Décidée alors à tout braver, elle monta dans une barque et se fit conduire à la tour de cristal : la tour n'y était plus. Elle ordonna de ouiller le lac dans toute son étendue : on n'y retrouva son époux ni vivant, ni mort.

IX

Elle prit le deuil et pleura quarante jours et quarante nuits. Elle chercha alors dans les caresses de son enfant un soulagement à sa peine ; mais elle avait toujours devant les yeux l'image de son époux bien-aimé. Tous les soirs, elle errait avec son fils le long des clairs, ne pouvant s'ôter de la tête qu'il était là, celui qu'elle avait perdu.

Un soir que la pleine lune brillait au ciel, l'enfant commença de pleurer et de crier si fort que la comtesse lui donna une pomme d'or pour l'apaiser.

Il joua avec la pomme et la fit rouler sur le bord de l'eau. Soudain l'eau bouillonna, une vague s'éleva, s'avança jusqu'à la pomme et, en se retirant, l'entraîna avec elle.

L'enfant courut pour rattraper son jouet. Craignant que son fils ne fût enlevé par la vague, la mère s'élança et le ramena vivement en arrière.

A peine la pomme était-elle arrivée au fond, que la tête du comte sortit de l'eau : il ne dit rien, mais il attacha sur sa femme un long et triste regard.

Une autre vague accourut et couvrit la tête

du chasseur. Tout disparut : le lac redevint calme comme auparavant et la comtesse n'y vit plus que la face tranquille de la pleine lune.

Véronique fut tellement émue, qu'elle se sentit près de défaillir ; elle s'assit sur la terre brune et tâcha de se remettre. Elle savait maintenant que son époux bien-aimé existait encore, et elle en rendit grâce au ciel.

Malheureusement il était au fond du lac, au pouvoir de la Dame des Clairs, et c'est en vain que la pauvre femme fit fouiller le lac une seconde fois.

X

En jetant à l'eau une autre pomme d'or, elle avait la faible espérance de le revoir ; mais alors, il n'en resterait plus qu'une pour rendre la joie et la santé à son petit enfant !

« Est-ce assez d'ailleurs, se disait-elle, qu'il montre sa tête hors du lac? S'il ne peut venir à moi, n'est-ce pas une chose plus cruelle que si j'ignorais encore où il est ? »

Et pourtant l'infortunée ne sut pas résister au désir de revoir son époux : l'enfant pleura derechef, et elle lui donna la deuxième pomme.

Il la fit rouler comme l'autre sur le bord du lac :

l'eau bouillonna, une vague s'éleva, s'avança vers le bord et entraîna la pomme en se retirant. Presque aussitôt la nappe d'eau s'entr'ouvrit, le comte monta à la surface jusqu'à la ceinture et tendit ses bras vers sa femme.

Soudain, une autre vague arriva à grand bruit, le couvrit et le fit disparaître.

— Hélas! dit la comtesse, que m'a servi, ô mon bien-aimé, de te retrouver pour te reperdre aussitôt?

Et cependant elle éprouvait un désir de plus en plus vif de le revoir; nul doute que, cette fois, il n'apparût tout entier!

Mais il ne restait plus qu'une pomme d'or, une seule et, si elle la sacrifiait, avec quoi pourrait-elle ensuite amuser et guérir son petit enfant!

XI

La pauvre femme regardait tour à tour le lac et la pâle figure de son fils, ne sachant à quoi se résoudre.

Tout à coup elle l'enleva dans ses bras et s'enfuit en s'écriant :

— Non, non, je ne dois pas sacrifier la vie de mon enfant à la joie de voir mon époux!

Le petit garçon se prit alors à geindre et à crier si fort qu'on eût dit qu'une main invisible le fouettait jusqu'au sang. Véronique s'arrêta, mit son fils à terre et, jugeant qu'il était assez loin de l'eau pour qu'il n'y eût aucun danger, elle lui donna la dernière pomme d'or.

Il ne l'eut pas plus tôt dans la main, qu'il courut vers le lac et, avant que sa mère eût pu l'en empêcher, il y jeta la pomme en criant :

— Mon père ! mon père !

Aussitôt le comte parut tout entier hors du lac. Rapide comme l'éclair, la comtesse lui lança ses longues tresses d'or. Le comte les saisit, glissa sur l'eau et, d'un bond, sauta sur la rive.

Il serra sa femme et son enfant dans ses bras, et tous les trois se hâtèrent de gagner le château d'Oisy. Apaisée par le don des pommes du paradis, la Dame des Clairs les y laissa en repos.

Ils vécurent longtemps heureux et c'est, dit-on, depuis lors qu'en souvenir du métier que faisait la fille du tisserand dans la tour des clairs, Véronique est devenue la patronne des lingères et des mulquiniers. Depuis lors aussi, en mémoire du grand et constant amour de la comtesse, on a fait de la véronique la fleur de la fidélité.

LA FILEUSE D'ORTIES

I

Au temps jadis, il y avait au Quesnoy un seigneur qui s'appelait Burchard et que les gens du pays nommaient Burchard le Loup. Ce seigneur était à ce point dur et cruel qu'il attelait, dit-on, les paysans à la charrue, et leur faisait labourer la terre pieds nus, à coups de fouet.

Sa femme, au contraire, se montrait bonne et compatissante aux malheureux.

Chaque fois qu'elle avait vent d'un nouveau méfait de son époux, elle allait en cachette réparer le mal, ce qui fait qu'on la bénissait dans toute la contrée, et qu'autant on détestait le comte, autant on adorait la comtesse.

II

Or, il arriva qu'un jour, en chassant du côté du Locquignol, dans la forêt de Mormal, le seigneur avisa, sur la porte d'une chaumière isolée, une jeune fille d'une rare beauté qui filait du chanvre.

— Comment t'appelle-t-on ? lui dit-il.

— Renelde, monseigneur.

— Tu dois t'ennuyer à vivre ainsi au coin d'un bois ?

— J'y suis habituée, monseigneur, et ne m'ennuie jamais.

— C'est égal. Viens au château ; je te ferai chambrière de la comtesse.

— Je ne puis, mon beau seigneur ; il faut que je soigne ma mère-grand, qui est infirme.

— Viens, te dis-je, au château. Je t'attends ce soir.

Et le seigneur continua son chemin.

Renelde comprit qu'il avait de mauvaises intentions et ce ne fut pas seulement pour soigner sa mère-grand qu'elle se garda d'obéir. Elle était d'ailleurs fiancée à un jeune bûcheron du voisinage, nommé Guilbert.

Trois jours après, le comte repassa devant la chaumine.

— Pourquoi n'es-tu pas venue ? demanda-t-il à la jolie fileuse.

— Je vous l'ai dit, monseigneur, parce qu'il faut que je soigne ma mère-grand.

— Viens demain ; je te ferai demoiselle d'honneur de la comtesse.

Et il s'éloigna.

Cette offre ne produisit pas plus d'effet, et Renelde n'alla point au château.

— Si tu veux venir, dit le comte quelques jours plus tard, je répudierai la comtesse et je t'épouserai.

Deux ans auparavant, la mère de Renelde était morte à la suite d'une longue maladie. La comtesse avait tout le temps envoyé des secours à la chaumière. Le comte eût-il voulu sérieusement épouser Renelde, qu'elle aurait refusé.

III

Burchard resta quelques semaines sans reparaître. Renelde s'en croyait délivrée, quand un jour il passa devant l'huis, sa canardière sous le bras, son carnier à l'épaule. Renelde cette fois était en train de filer, non plus du chanvre, mais du lin.

— Que files-tu là ? dit-il d'un ton dur.

— Ma chemise de noces, monseigneur.

— Tu vas donc te marier ?

— Oui, monseigneur, si vous le permettez.

En ce temps-là les paysans ne pouvaient se marier sans le congé de leur seigneur.

— Je te le permets à une condition : vois-tu là-bas ces grandes orties qui croissent sur les tombes du cimetière ? Va les cueillir et files-en deux belles chemises. L'une sera ta chemise de noces, l'autre ma chemise d'enterrement ; tu te marieras le jour où l'on me portera en terre.

Et le comte s'éloigna en ricanant.

Renelde frémit. Jamais au Locquignol on n'avait ouï parler de filer des orties. Le comte avait en outre une santé de fer et, glorieux de sa force, il répétait souvent qu'il comptait bien aller jusqu'à cent ans.

Guilbert venait tous les soirs, après sa journée, faire visite à sa future. Le soir il vint comme d'habitude. Renelde lui répéta les paroles de Burchard.

— Veux-tu, dit-il, que je guette le loup et que je lui fende la tête d'un coup de hache ?

— Non, répondit Renelde, il ne faut pas qu'il y ait du sang sur mon bouquet de mariée. D'ailleurs le comte nous est sacré ; la comtesse a été si bonne pour ma mère !

La vieille alors prit la parole : c'était la mère de la grand'mère de Renelde, et elle avait plus de nonante ans ; elle restait toute la journée assise dans son fauteuil, dodelinant la tête sans dire un mot.

— Mes enfants, fit-elle, depuis que je suis au monde, je n'ai jamais ouï parler d'une chemise d'orties ; mais ce que Dieu veut, l'homme le peut. Pourquoi Renelde n'essaie-t-elle point ?

IV

Renelde essaya et, à sa grande surprise, les orties rouies et teillées donnèrent un fil doux, léger et solide. Renelde eut bientôt filé la première chemise, sa chemise de noces. Elle la tissa et la tailla tout de uite, espérant que le comte ne la forcerait pas de ommencer l'autre. Elle achevait de la coudre au oment où Burchard le Loup vint à passer.

— Eh bien ! fit-il, les chemises avancent-elles ?

— Voici d'abord ma chemise de noces, monseieur, dit Renelde en lui présentant la chemise, qui tait des plus belles et des plus fines.

Le seigneur pâlit ; il n'en répondit pas moins 'une voix brusque :

— C'est bien. Commence l'autre.

La filandière se mit sur-le-champ à l'ouvrage. En rentrant au château, le comte eut le frisson et sentit, comme on dit chez nous, la mort lui passer dans le dos. Il voulut souper et ne le put; il se coucha, tremblant la fièvre; il dormit fort mal, et le matin il lui fut impossible de se lever.

Ce malaise subit, qui allait toujours croissant, l'inquiéta : sans doute le rouet de Renelde n'y était pas étranger. Ne fallait-il point que le corps fût prêt, en même temps que la chemise, pour l'enterrement !

Burchard envoya sur-le-champ à la filandière l'ordre d'arrêter son rouet.

Renelde obéit. Le soir, Guilbert demanda :

— Le comte a-t-il donné son consentement à notre mariage?

— Non, dit Renelde.

— Continuez votre ouvrage, ma chère âme. C'est le seul moyen de l'obtenir : lui-même vous l'a dit.

V

Le lendemain, son ménage fait, la filandière se remit à son char à filer. Deux heures après, de hommes d'armes vinrent et la trouvèrent qui filait · ils la saisirent, lui lièrent bras et jambes et la porté rent au bord de la Rhonelle, qui était grossie par les pluies.

Arrivés là, ils la jetèrent dans la rivière et la regardèrent aller au fond, après quoi ils s'en furent ; mais Renelde revint sur l'eau et, bien qu'elle ne sût point nager, elle gagna la rive.

De retour à sa chaumière, elle recommença de filer.

Les hommes d'armes la saisirent de nouveau, la portèrent au bord de la rivière, lui attachèrent une pierre au cou et la ruèrent à l'eau, comme un chien.

Eux partis, la pierre se détacha, Renelde vint encore à gué, retourna à la chaumine et se remit à son char à filer.

Le comte résolut de se rendre lui-même au Locquignol. Comme il était fort affaibli et ne pouvait marcher, il s'y fit transporter en litière : la filandière filait toujours.

Ce que voyant, il lui tira une balle à bout portant, comme à une bête fauve. La balle rebondit sans faire aucun mal à la filandière, qui continua de filer.

Burchard entra dans un accès de rage tel qu'il faillit en mourir. Il brisa le rouet en mille pièces et tomba sur le sol, évanoui. On le transporta au château sans connaissance.

Le jour suivant le rouet était raccommodé et la filandière filait de nouveau. Sentant que sa vie s'en allait, le comte ordonna qu'on lui liât les mains et qu'on la gardât à vue.

Les gardes s'endormirent, les liens tombèrent d'eux-mêmes, et la filandière continua de filer.

Burchard fit arracher toutes les orties à trois lieues à la ronde ; à peine arrachées, elles repoussèrent et grandirent à vue d'œil.

Elles poussaient jusque sur le sol battu de la chaumière et, comme on les enlevait au fur et à mesure, la quenouille se garnit toute seule d'orties rouies, teillées et bonnes à filer.

Et cependant Burchard dépérissait et voyait approcher sa fin.

VI

Émue de pitié pour son époux, la comtesse finit par apprendre la cause de sa maladie. Elle le supplia de consentir à sa guérison. L'orgueilleux seigneur refusa plus que jamais de donner son congé au mariage.

La dame résolut d'aller à son insu implorer la filandière. Au nom de la défunte mère de Renelde, ella la pria de cesser son travail. Renelde le lui promit, mais le soir Guilbert vint à son tour.

Voyant que la toile n'avait pas avancé depuis la veille, il en demanda la raison; Renelde lui avoua que la comtesse l'avait conjurée de laisser vivre son mari.

— Consent-il à notre mariage ?
— Non.
— Qu'il meure, en ce cas !
— Que dira la comtesse ?
— La comtesse comprendra qu'il n'y a point de ta faute : le comte seul est coupable de sa mort !
— Attendons. Peut-être son cœur changera-t-il !

Ils attendirent un mois, deux mois, six mois, un an. La filandière ne filait plus ; le comte avait cessé de la persécuter, mais il ne donnait point son congé au mariage. Guilbert s'impatientait.

La pauvre fille l'aimait de toute son âme : elle était plus malheureuse qu'auparavant, alors que Burchard ne faisait que tourmenter son corps.

— Finissons-en ! disait Guilbert.
— Attendons encore un peu ! répondait Renelde.

Le jeune homme se lassa : il vint plus rarement au Locquignol ; bientôt il ne vint plus. Renelde avait la mort dans l'âme, mais elle tint bon.

Un jour, elle rencontra le comte : elle joignit les mains comme devant la sainte Vierge et lui dit :

— Monseigneur, grâce !

Burchard le Loup détourna la tête et passa.

Elle aurait pu abattre son orgueil en se remettant à son char à filer ; elle n'en fit rien.

Quelque temps après, elle apprit que Guilbert quittait le pays. Il ne vint pas lui faire ses adieux, mais elle connut le jour et l'heure de son départ : elle se cacha sur sa route pour le voir une dernière fois.

En rentrant, elle avisa dans un coin son rouet vide et pleura durant trois jours et trois nuits.

VII

Une autre année s'écoula ainsi. Une fois le comte tomba malade : la comtesse crut que Renelde, à bout de forces, s'était remise à filer ; elle vint la voir et trouva le rouet vide.

La maladie du comte empira à ce point qu'il fut condamné par les médecins. On sonna les pardons et il attendit l'heure de Dieu. Pourtant il ne mourut pas aussi vite qu'on l'aurait pu croire.

Son état semblait désespéré, et il restait toujours dans le même état.

Il ne pouvait plus vivre et ne pouvait pas mourir ; il souffrait horriblement et réclamait la Mort à grands cris.

En cette extrémité, il se rappela ce qu'il avait dit autrefois à la petite filandière : si la Mort tardait tant à venir, c'est qu'il n'était pas prêt à la suivre, n'ayant point sa chemise d'enterrement.

Il envoya querir Renelde, l'établit à son chevet et lui ordonna de continuer à filer sa chemise.

La filandière se remit à l'œuvre et le comte éprouva à l'instant même un grand soulagement.

Alors il sentit son cœur se fondre ; il eut regret de tout le mal qu'il avait fait par orgueil et demanda pardon à Renelde. Renelde pardonna et fila jour et nuit.

L'ortie filée, elle la tissa avec sa navette, après quoi elle coupa la chemise et commença de la coudre.

Au fur et à mesure qu'elle cousait, le comte voyait ses souffrances diminuer avec sa vie. Il rendit le dernier soupir, quand l'aiguille piqua le dernier point.

VIII

A la même heure, Guilbert rentrait au pays et, comme il n'avait jamais cessé d'aimer Renelde, huit jours après il l'épousa.

Il avait perdu deux années de bonheur, mais il s'en consola en songeant qu'il avait épousé une habile filandière et, chose beaucoup plus rare, une bonne et vaillante femme !

LE SAC DE LA RAMÉE

―――

I

u temps jadis, il y avait un vieux soldat du nom de La Ramée, qui revenait de la guerre avec son congé.

Il faut croire qu'en ce temps-là le roi n'était pas riche, car le brave La Ramée n'avait eu pour toute récompense qu'un pain de munition et seize sous.

Ayant mis le pain dans son sac et les sous dans sa poche, le vétéran avait pris la route de la Boucaude, qui était son hameau de naissance. Il n'eut pas fait une demi-lieue de pays, qu'il rencontra un mendiant aveugle qui lui demanda l'aumône.

« En voilà un, se dit La Ramée, qui est encore plus mal loti que moi. »

Et, comme il était bon diable, il partagea avec le mendiant son pain de munition et ses seize sous.

Une demi-lieue plus loin, il avisa un autre mendiant, aveugle comme le premier, et qui de plus était manchot. La Ramée fut ému de pitié, et donna au pauvre marmiteux la moitié du pain et des huit sous qui lui restaient.

Il chemina encore une demi-lieue, et vit sur la route un troisième mendiant qui, aveugle et manchot, était boiteux par-dessus le marché. Il partagea avec le clopineux le restant de son pain et de ses patards.

« Je n'ai plus, se dit-il alors, qu'un chanteau de pain et deux sous pour boire une pinte. Entrons vite au cabaret, sans quoi, si je rencontre encore un affligé, je cours grand risque de dîner par cœur. »

Il entra, mit son sac à terre et, après avoir dîné plus mal qu'un prince, il alluma sa pipe et reprit son chemin.

II.

Il voyageait à peine depuis un quart d'heure, qu'il vit venir de son côté un vieux soldat qui paraissait comme lui hors de service. Ce soldat ressemblait vaguement aux trois mendiants, qui — La Ramée ne l'avait pas remarqué — avaient entre eux un air de famille.

— Camarade, dit celui-ci, une supposition que tu aurais le sac bien garni, ainsi que la panse, est-ce que tu ne me ferais pas l'amitié d'une pinte de bière accompagnée d'un briquet de pain? Je chais de faim et de soif!

— Trop tard à la soupe, fieu de Dieu! répondit La Ramée. J'avais ce matin seize sous et un pain de munition; je les ai partagés avec trois écloppés que j'ai trouvés en route. A cette heure mon sac est vide, ma poche pareillement, et...

— Et tu cherches comme moi le moyen de les remplir?

— Précisément.

— Veux-tu que nous cherchions de compagnie?

— Ce n'est pas de refus, fieu. Comment t'appelles-tu?

— Pierre. Et toi?

— La Ramée. Eh bien! fieu, c'est convenu. Nous irons demander la caristade.

— Non fait. C'est un vilain métier que de faire aboyer les chiens de ferme.

— Tu en sais donc un autre?

— Je m'entends un peu en médecine, et cela me vaut quelquefois de petits profits. Viens avec moi, nous partagerons.

— Tope, fieu! dit La Ramée, qui n'était pas pressé de revoir la Boucaude, et tous les deux firent route ensemble, à pied, comme les chiens du roi.

III

En arrivant à la forêt de Vicoigne, ils passèrent devant une maisonnette d'où partaient des cris et des gémissements.

Ils entrèrent et virent une femme qui s'arrachait les cheveux auprès du lit de son mari, malade à la mort. Tout en se lamentant, elle leur conta qu'on venait de le lui rapporter éventré par un sanglier.

— N'est-ce que cela? dit Pierre. Cessez vos lamentations, femme de Dieu : je vas guérir votre homme.

Il fouilla dans sa poche, en tira une petite boîte

où était un onguent et en frotta le moribond qui, aussitôt après, sauta à bas de son lit et tomba, ainsi que sa femme, aux genoux de son bienfaiteur.

— Comment nous acquitter, s'écrièrent-ils, et que pourrons-nous bien vous donner?

— Rien du tout, répondit Pierre; vous n'en avez mie trop pour vous, mes braves gens.

Cette réponse fit faire la grimace à La Ramée : il était d'humeur charitable, mais une fois le ventre creux et le gousset vide, il ne travaillait pas volontiers pour le roi de Prusse.

— Qu'est-ce que tu chantes donc là? dit-il en poussant son compagnon du coude. Prends toujours, fieu; nous ne roulons mie non plus sur l'or, nous autres.

Mais Pierre ne l'écoutait point, et plus les bonnes gens le pressaient, plus il refusait.

Enfin le paysan démucha un lièvre qu'il avait tué la veille, et voulut absolument que Pierre l'emportât.

— Prends-le donc, imbécile, lui soufflait La Ramée. Cela garnira notre sac.

— Je ne t'empêche pas de le prendre, lui répondit Pierre impatienté, mais je te préviens que je ne m'en charge point.

— Je m'en chargerai, moi! fit La Ramée. Il logea le lièvre dans son sac et ils s'en furent.

IV

En cheminant par la forêt, ils avisèrent dans une clairière un feu de copeaux ou, pour mieux dire, d'équettes, abandonné par des scieurs de long.

— Il y a belle heurette que nous n'avons joué des mâchoires, dit La Ramée ; je dois avoir le ventre tapissé d'arnitoiles ! Si nous mettions le lièvre à la broche ?...

— Soit, répondit Pierre, mais je ne me mêle point de la cuisine. Prépare le dîner ; moi, pendant ce temps-là, je vas dormir un somme là-bas, sous ce gros hêtre. Aie soin seulement de me garder le cœur du lièvre ; cela me suffira.

Son compagnon parti, La Ramée dépouilla le lièvre, le vida, ranima le feu et commença de faire rôtir son gibier. Tout en le tournant et retournant, il se disait : « Pourquoi diable m'a-t-il recommandé de lui garder le cœur ? »

Le lièvre rôti, il le dépeça et chercha le cœur, qu'il mit à part. Il mangea d'abord une cuisse, puis l'autre, puis le râble ; après quoi il regarda le cœur du coin de l'œil.

« Il faut que ce soit un fier morceau, se disait-il,

ou que le camarade n'ait guère d'appétit. Peut-être, qui sait? y a-t-il une vertu attachée au cœur d'un lièvre. »

Il en ôta gros comme la tête d'une épingle, le posa sur sa langue et le trouva si bon, qu'il ne put résister à l'envie de goûter au reste. Il n'en fit qu'une bouchée.

Pierre revint comme La Ramée achevait de l'avaler.

— Bon appétit! dit-il; et le cœur, où est-il?

— Le cœur! ah oui! je l'ai cherché; mais tu t'es moqué de moi, fieu. Tu sais bien que les lièvres n'ont pas de cœur.

— Comment! les lièvres n'ont pas de cœur! Mais tous les animaux en ont un : c'est bien connu.

— Allons donc! Est-ce qu'on ne dit pas d'un poltron qu'il n'a mie plus de cœur qu'un lièvre? Tu vois bien, fieu de Dieu, que les lièvres n'ont point de cœur.

— C'est bon, fit Pierre.

La Ramée serra dans son sac les restes du dîner et, après avoir allumé leurs pipes, ils se remirent en route.

V

Au beau milieu des marais d'Arnonville, **La Ramée** s'arrêta tout surpris. A l'endroit où coulait d'habitude un ruisseau, bouillonnait à cette heure un large torrent qui leur barrait le chemin.

— Passe le premier, fieu, lui dit Pierre.

— Non fait ! Passe devant, toi, répondit l'autre.

Et il s'apensait à part lui : « S'il n'a point fond, je resterai de ce côté-ci. »

Pierre alors entra dans le torrent et le traversa.

Voyant qu'il avait eu de l'eau seulement jusqu'aux genoux, La Ramée avança le pied, mais l'eau monta soudain et il en eut bientôt jusqu'aux épaules.

— Au secours ! cria le pauvre homme.

— Avoue, lui dit Pierre, que tu as mangé le cœur du lièvre.

La Ramée, honteux de son mensonge, n'en voulut point convenir.

— Je te jure, dit-il, que je ne l'ai pas mangé.

L'eau montait toujours, le malheureux en avait jusqu'au menton.

— Avoue que tu l'as mangé, répéta Pierre.

— Non, je ne l'ai pas mangé, répondit La Ramée.

Mais on n'entendit point le dernier mot, car il but à la grande tasse une gorgée qui le fit éternuer comme un chat qui boit du vinaigre.

L'eau décrut alors, et le vieil entêté en fut quitte pour la peur.

VI

Ils continuèrent de marcher. A trois portées d'arc de Péruwelz, ils apprirent que la fille unique du bourgmestre était en danger de mort. Le bourgmestre avait, disait-on, des écus à remuer à la pelle, et il aimait sa fille comme ses yeux.

— Voilà, fit La Ramée, une fameuse aubaine ! Si nous guérissons la petite, il est sûr et certain que le papa remplira notre sac pour longtemps. Allons, habile ! camarade, on sonne les pardons. Allonge le pas, afin que nous soyons là avant le vieux faucheur.

Le camarade n'en mettait pas plus vite un pied devant l'autre. A peine entrés dans la ville, on leur dit que la malade venait de trépasser.

— Tu vois bien, c'est ta faute, grommela La Ramée. Tu vas comme un conscrit qui monte à l'assaut.

— Bah! qui trop se hâte reste en chemin, répondit Pierre. Ne t'échauffe pas la bile, fieu ; d'ailleurs, je sais quelque chose de mieux que de guérir les malades ; j'ai dans ma poche de quoi ressusciter les morts.

— Ressusciter les morts! Mâtin! Ce n'est pas de la petite bière! Tu es donc sorcier ?

— Peut-être bien.

— Oh! mais alors notre fortune est faite! s'écria La Ramée en dansant un rigodon, et c'est de louis d'or que le mynheer va remplir notre sac.

— Tu ne penses qu'à remplir le sac, dit Pierre. Crois-tu qu'il n'y aurait pas plus de profit à songer un peu au salut éternel?

— Bon! le salut éternel! nous avons tout le temps d'y songer, fieu. Avant de s'occuper de bien mourir, il faut veiller à bien vivre. Si le sac se remplissait tout seul, je ne dis pas... On ne serait point en peine de gagner le paradis.

VII

En devisant ainsi, ils arrivèrent devant la maison mortuaire et demandèrent à parler au maître. Pierre lui proposa de ressusciter sa fille. Comme il n'y avait plus de ressource et que le mal ne pouvait empirer, le père consentit à ce qu'on tentât l'expérience.

Pierre alors fit sortir tout le monde, hormis La Ramée. Quand ils furent seuls, il tira de sa poche une petite fiole, en versa quelques gouttes dans la bouche du cadavre, puis il dit trois fois : *In nomine Patris, et Filii, et Spiritûs Sancti. Surge !*

A la troisième fois, la morte se leva, rayonnante de fraîcheur et de beauté. Le père était au comble du bonheur.

— Fixe toi-même ta récompense, dit-il à Pierre, tout ce que tu voudras, je suis prêt à te le donner, quand ce serait la moitié de ma fortune.

— C'est beaucoup trop, mynheer, répondit Pierre : cela ne vaut que vingt patards.

— Vingt patards pour ressusciter un mort ! Est-il bête ! s'écria La Ramée. Prends donc ce qu'on t'offre, triple idiot !

Le bourgmestre insista pour donner davantage, mais le camarade ne voulait que vingt patards, ni plus, ni moins. Voyant que tout était inutile, le mynheer se rabattit sur La Ramée et lui remplit son sac de florins.

VIII

Au sortir de là, ils se dirigèrent vers Bruxelles en Brabant. Quand ils furent dans la forêt de Baudour, Pierre battit le briquet, alluma sa pipe et dit à son compagnon :

— Nous allons maintenant partager les florins.

— Ah! ah! dit La Ramée. Tu ne craches donc plus sur la monnaie ? Partageons, fieu.

Pierre vida le sac, compta l'argent et en fit trois parts. « Il fait trois parts et nous ne sommes que deux, pensa La Ramée. A qui diable veut-il donner la troisième ? »

— Les parts sont faites, dit Pierre. Voici la tienne, voici la mienne, et voilà la part de celui qui a mangé le cœur du lièvre.

— C'est moi! s'écria La Ramée, et prouf! il empocha l'argent.

— Comment! fieu, c'est toi ? mais tu sais bien que les lièvres n'ont pas de cœur.

— Qu'est-ce que tu nous chantes là, fieu de

Dieu ? Certainement que si, les lièvres ont un cœur. Est-ce qu'on ne dit pas d'un poltron : il a un cœur de lièvre ? Donc, tu vois que les lièvres ont un cœur.

— C'est bien. Prends tout, répondit Pierre. Je ne veux plus de ta compagnie. Tu es trop malin pour moi.

— Comme il vous plaira, fieu, et bon voyage! répliqua le vieux soldat, et ils se séparèrent. « Je ne suis point fâché qu'il s'en aille, s'apensa La Ramée. C'est décidément un drôle de pistolet! »

IX

Arrivé à Bruxelles en Brabant, La Ramée n'eut rien de plus pressé que de faire danser ses écus. En vrai Flamand, il passa sa vie au cabaret, buvant au matin la blanche bière de Louvain, le faro dans l'après-midi et le lambic après le souper. Il se mit aussi à jouer pour tuer le temps, et il eut bientôt mangé, comme on dit chez nous, le sac et les gaugues.

Cependant il advint que le fils du duc de Brabant alla subitement de vie à trépas. « Bonne affaire, se dit La Ramée, et qui vient à point pour me remplumer ! Je vas le ressusciter et on me donnera une fière dringuelle. »

Ayant su jadis ses patenôtres, il avait retenu sans peine les paroles prononcées par son compagnon. Il se trouva en outre qu'il avait par mégarde enfermé la petite fiole dans son sac.

Il alla donc voir le duc de Brabant et lui proposa de ressusciter le jeune prince. Le duc avait ouï dire qu'un soldat réformé courait le pays en rendant la vie aux morts. Il crut naturellement que c'était La Ramée et accueillit sa demande.

Seulement, comme il ne voulait pas qu'on lui fît voir le tour, il le prévint qu'en cas d'échec, le docteur serait pendu au haut du beffroi.

La Ramée, sûr de lui, accepta cette condition.

X

Laissé seul avec le mort, le docteur déboucha son sac, en tira la fiole, en versa quelques gouttes dans la bouche du cadavre, puis il dit trois fois à voix haute : *In nomine Patris, et Filii, et Spiritûs Sancti. Amen.*

Le mort ne bougea point.

La Ramée, surpris, répéta la formule ; le mort resta immobile.

Le docteur alors se rappela que le dernier mot prononcé par son camarade n'était pas *amen*, mais un mot commençant par *sur*, et qui était à l'usage des tailleurs.

C'est en vain qu'il renouvela plusieurs fois son invocation, le coquin de mot ne voulait point venir. Le pauvre La Ramée trouvait bien *surtout*, *surplis*, *surcot*, il ne trouvait pas *surjet*.

Enfin, il s'écria furieux :

— Au nom du diable, lève-toi ou je t'assomme !

Mais le mort ne bougea non plus qu'une brique.

XI

L'infortuné docteur avait déjà la mine d'un capucin à l'agonie, quand tout à coup il vit son camarade Pierre à deux pas de lui.

— Croirais-tu, lui dit-il, que cet entêté de mort ne veut pas ressusciter ? Je lui ai pourtant fait boire ton élixir et j'ai dit les paroles !

— Jolies paroles, répondit Pierre, qui le somment de ressusciter au nom du diable ! Je veux bien, pour cette fois, te tirer d'embarras, mais je te préviens que, si tu recommences, je te laisse dans le pétrin. Je te défends d'ailleurs de recevoir plus de vingt patards.

Pierre alors cria trois fois : *In nomine Patris, et Filii, et Spiritûs Sancti. Surge !*

Le jeune prince se leva et Pierre disparut.

Le duc ne se possédait pas de joie.

— Que veux-tu pour ta récompense ? dit-il à La Ramée.

— C'est vingt patards, répondit celui-ci en soupirant.

Et tout bas il se disait : « Quel absurde animal que ce sorcier ! Ce qu'il vous donne d'une main, il vous le reprend de l'autre. »

Mais le duc se moqua de lui et fit apporter une énorme bourse toute pleine de louis d'or. Les yeux de La Ramée brillèrent comme des lumerotes, et pourtant il tint bon.

— Surtout, s'écriait-il, ne mettez pas la bourse dans mon sac !

C'est ce que fit naturellement le trésorier du duc.

Il boucla ensuite le sac et l'attacha de force sur le dos de La Ramée qui sortit.

XII

Le docteur n'avait pas tourné le coin de la rue qu'il se trouva nez à nez avec son camarade.

— Vois si tu n'es pas un affreux agrippard, dit celui-ci. Je t'avais défendu de recevoir plus de vingt patards, et voilà que tu emportes un boisseau d'or.

— Est-ce ma faute, répondit La Ramée, s'ils m'ont mis l'or de force dans mon sac ?

— Ton sac ! ton sac ! tu ne songes qu'à ce maudit sac, et tu ne t'occupes non plus de ton salut que si tu étais un cheval ou un chien ! Tu valais cent fois mieux quand tu n'avais que seize sous vaillant. En ce temps-là tu partageais ton argent avec les pauvres, tandis que tu vas dépenser celui-ci à boire, à godailler et à faire une vie qui te mènera tout droit chez les grands diables d'enfer.

— Encore une fois, fieu, ce n'est point de vider mon sac qui peut m'empêcher de faire mon salut, c'est d'avoir à le remplir. Comment veux-tu bonnement qu'un pauvre homme trouve le temps de penser à l'autre monde, quand il est toujours en risque de crever de faim dans celui-ci ? Ah ! si je n'avais qu'à dire : « Chose que je désire, entre dans le sac de La Ramée ! » je te baille mon billet que j'irais tout droit, sac au dos, en paradis !

— Tu en es sûr ?

— Puisque tu es sorcier, fais-en l'épreuve. Tu verras que je serai sage comme une nonnette d'hier.

— C'est bien, dit Pierre. Je t'ai prévenu, veille au grain et souviens-toi que le sac crève, quand il est trop plein. Adieu, tu ne me reverras plus dans ce monde.

— Ainsi soit-il ! fit La Ramée.

Et il marmonna tout bas :

— Va-t'en, vieux prêche-misère, va-t'en chercher des fers de mouches dans le marais de Baudour. Tu auras des prunes !

XIII

La Ramée songea cependant à économiser son argent, mais le faro, le lambic et la bière de Louvain eurent bientôt raison de ses beaux projets. Il recommença de jeter la maison par les fenêtres, de faire tous les jours fête à sept chandeliers et finalement de tourner en farine de diable.

Six mois après, de sa fortune il ne lui restait que

quelques louis. Il se décida alors à s'acheminer vers la Boucaude, pour y planter ses choux.

En route il s'arrêta à tous les cabarets, comme un cheval de brasseur. Il vida ainsi beaucoup de pintes et le restant de son sac, tant qu'il n'avait plus que seize sous quand il arriva à Saint-Ghislain, dans le Borinage.

Il entra à l'auberge du *Grand-Saint-Julien*, patron des bateliers, et s'y fit servir une canette de bière, deux sous de pain et six sous de jambon.

C'était justement la fête du saint et, chaque fois qu'on ouvrait la porte de la cuisine, un parfum d'oies à la broche emplissait la maison.

Son repas fini, La Ramée avait encore faim. Tout en allumant sa pipe, il risqua un œil du côté de la cuisine et vit quatre oies grasses qui se doraient au feu.

— Ah ! soupirait-il, je me contenterais bien d'une couple de ces osons, si je n'avais qu'à dire : « Chose que je désire, entre dans le sac de La Ramée ! »

XIV

Il paya l'hôte, reprit son sac et partit.

Une fois dehors, il lui parut que son sac était bien lourd pour un sac vide. Il avait beau le renvoyer d'une épaule à l'autre, la charge semblait toujours la même.

« Voyons un peu, se dit-il, ce qui se passe là-dedans. »

Il l'ouvrit, et fut tout surpris d'y trouver les deux osons.

« Voilà qui va bien, s'apensa-t-il. Si, pour que le sac se remplisse, il me suffit désormais de le souhaiter, je me fais fort d'aller tout droit en paradis, et même d'avoir par avance le paradis sur terre. »

Il fit une trentaine de pas le long de la Hayne, s'assit sur un pilot, choisit le plus gras de ses osons, et y mordit à belles dents.

Il n'y avait pas trois minutes qu'il s'escrimait ainsi, quand vinrent à passer deux haleurs ou, pour mieux dire, deux saque-à-vau-l'eau. N'ayant pas le sou pour fêter saint Julien avec leurs patrons, ils allaient faire, en pêchant à la ligne, une ribote de tailleurs.

A la vue de ce vieux soldat qui mordait à même d'un bel oson de la Saint-Martin, ils s'arrêtèrent.

— Quelle guinse! s'écria l'un d'eux.

Ce qui chez nous se dit pour : « Quelle chère! »

— Vous voudriez bien en tâter, hein, fieux? leur répondit La Ramée.

— Ça ne serait pas de refus, notre bourgeois, répliqua l'autre.

Celui-ci était un gars goguenard et hardi comme

la chemise d'un meunier, laquelle prend tous les matins un larron au collet. Voyant que notre homme continuait de s'emplir la panse, sans leur rien offrir, il ajouta :

— Mais, à propos, fieu, savez-vous pourquoi, tant qu'ils sont en vie, les osons ne cessent jamais de caqueter ?

— Non, fieu, pourquoi ?

— Eh bien! fieu, c'est parce qu'ils demandèrent au renard d'attendre pour les manger qu'ils eussent fini leur prière. Le renard le leur promit sur sa parole. L'un d'eux alors commença : *Coa, coa, coa;* un autre entonna la même antienne : *Coa, coa, coa;* un troisième et un quatrième suivirent et toujours ainsi, et c'est pourquoi, fieu, les oies sont moins bêtes que les renards, et les bateliers moins renarés que les bourgeois.

La Ramée parut si content de cette explication, qu'il donna l'autre oson aux deux saque-à-vau-l'eau, en leur disant d'aller à l'auberge s'en régaler à sa santé.

Vexé d'être ainsi gabé et traité de bourgeois par un batelier, le drôle avait son idée.

XV

Les deux saque-à-vau-l'eau avaient l'appétit ouvert comme la bourse d'un avocat. Ils prirent à peine le temps de remercier La Ramée et coururent à l'auberge où, pour bien arroser leur lippée, ils demandèrent une bonne bouteille de vin.

L'hôte la leur servit, et ils tombèrent sur la volaille comme pauvreté sur le monde. Fort étonné de voir des saque-à-vau-l'eau faire un pareil festin, l'aubergiste alla s'assurer à la cuisine que ses quatre bêtes étaient toujours à la broche.

N'en trouvant plus que deux, il s'approcha des mangeurs d'oson et leur dit, les poings sur les hanches :

— Il ne vous a pas coûté cher, hein! vous autres, le dîner que vous faites là!

— Rien que la peine d'avancer la main, fieu.

— Je m'en doute bien ; mais vous allez me le payer tout de suite, sinon je vous casse les reins !

— Payer quoi ?

— Mon oson, parbleu !

— Cet oson ne t'est de rien. Nous l'avons eu d'un vieux soldat.

— Allons donc! Il sort d'ici, le soldat, et j'ai bien vu qu'il sortait les mains vides.

— Vides ou pleines, ça nous est égal. Nous ne t'avons rien pris, nous ne paierons rien.

— C'est ce qu'on va voir, mes gars!

L'aubergiste saisit un bâton et tomba à bras raccourci sur les saque-à-vau-l'eau.

Caché derrière un gros arbre, La Ramée regardait la casse de loin en s'éclaffant de rire comme un cent de mouches.

Il réfléchit pourtant qu'il avait promis d'être sage et se remit en route pour ne s'arrêter cette fois qu'à la Boucaude.

XVI

Il y avait beau temps que son four y était chu, j'entends par là qu'il ne s'y connaissait plus personne, ni père, ni mère, ni frère, ni sœur pour le recevoir.

Il s'établit dans une petite masure abandonnée, et rêva aux moyens de vivre honnêtement. Ce n'était pas chose aisée.

Quand il se voyait en tête-à-tête avec une belle poule ou un beau dindon, la langue lui déman-

geait, et il avait grand'peine à se tenir de crier :
« Chose que je désire, entre dans le sac de La Ramée ! »

Il y parvint pourtant et, au lieu de harpiller le bien d'autrui, il se contenta d'aller à la pêche et à la chasse avec son sac. Il lui suffisait de dire : « Poisson qui nages, oiseau qui voles, entre dans le sac de La Ramée ! » Aussitôt faisans et brochets tombaient dans ses filets.

Il amassa bientôt assez de patards pour se faire bâtir une maisoncelle, et il y aurait vécu comme coq en pâte, si le diable, qui ne dort jamais, ne l'avait tenté derechef.

XVII

Un matin qu'il était allé à Mortagne vendre une compagnie de perdrix, il rencontra au marché une jeune et jolie beurrière, frisque comme une première gelottée. Le minois éveillé de la demoiselle lui fit penser qu'il était temps de prendre femme.

Il lui confia son idée, mais ne le trouvant plus assez vert, celle-ci lui rit au nez et répondit qu'il était trop tard.

Ne pouvant la décider à le suivre chez monsieur le curé, La Ramée oublia encore une fois le soin de son salut. Il regarda la beurrière d'un œil malin, et dit tout bas : « Chose que je désire, entre dans le sac de La Ramée ! »

Crac ! la jeune fille y fut, et le vétéran enchanté l'emporta à la Boucaude.

Par malheur, il avait affaire à une fine mouche. Furieuse de ce bon tour, la fillette résolut de s'en venger.

Arrivée dans la maison du vieux soldat, elle lui dit, en clignant de l'œil :

— Les rats ne mangeront point votre chapeau, fieu.

— Pourquoi ça, fille ?

— Parce qu'il y a dessous un caut matou.

— Tu trouves ? fit La Ramée.

— Et je crois bien tout de même que vous rendrez votre femme heureuse. Mais comment avez-vous fait pour me fourrer dans votre sac ?

En parlant ainsi, elle l'enœillait d'un air si doux et si câlin, que le vieux troupier sans défiance se laissa endordêler et lui confia quelle vertu était attachée à son sac.

La rusée beurrière saisit alors le sac et, fixant à son tour sur son ravisseur un regard malicieux, elle dit : « Chose que je désire, entre dans le sac de La Ramée ! »

Et voilà La Ramée dans son sac.

Sans perdre une minute, la garlousette alla jeter le sac dans le puits.

Et c'est depuis lors que d'un barbon qui, ayant pris femme jeunette, trépasse dans la lune de miel, on dit chez nous en dicton familier « qu'il est chu dans le puits. »

XVIII

Une fois mort, pour aller en enfer ou en paradis, il fallut bien que La Ramée sortît de son sac. Il le mit tout mouillé sur son dos et s'en fut bravement sonner à la porte du paradis.

Qui fut surpris? Compère La Ramée, lorsque dans l'homme qui vint ouvrir il retrouva son camarade Pierre.

— Tiens! c'est toi! dit-il. Tu as là une fameuse place, fieu! Et moi qui te prenais pour un sorcier! Avons-nous de la chance! J'espère, fieu de Dieu, que tu ne vas pas laisser un vieux camarade à la porte?

— Il le faut bien, fieu de Dieu, répondit saint Pierre en tenant l'huis entre-bâillé. Au lieu de songer à ton salut, pourquoi n'as-tu pensé qu'à remplir ton sac?

— Mais j'y ai songé, à mon salut! Je n'ai fait qu'y songer tout le temps.

— Joliment! Vois ce que tu as gagné à ce jeu-là... pas même d'arriver ici le sac plein !

— Attends, vieux berdéleux, je vas le remplir, mon sac, dit tout bas La Ramée; puis, tout haut : Une fois, deux fois, tu ne veux pas m'ouvrir la porte?

— Non, fieu, non.

— En ce cas, chose que je désire, entre dans le sac de La Ramée!

Et voilà saint Pierre dans le sac.

— Comment, scélérat, s'écria saint Pierre, c'est ainsi que tu abuses...

Mais La Ramée ne l'écoutait plus. Il était entré effrontément, sac au dos, dans le paradis.

Derrière lui, trouvant la porte ouverte, se glissèrent aussitôt tous les pécheurs qui erraient, comme des âmes en peine, le long des murs.

A la vue de ces figures peu catholiques :

— Qu'est-ce que c'est que tous ces chrétiens-là, s'écria Dieu le Père. Saint Pierre n'est donc pas à son poste? Qu'on aille vite me le querir.

Mais on eut beau fouiller tous les coins et recoins, nulle part on ne trouva le saint concierge.

XIX

Dieu le Père commençait à s'inquiéter, quand La Ramée s'avança résolûment.

— Seigneur Dieu, dit-il, je sais où est saint Pierre. Promettez-moi de me garder dans votre paradis, et je vous le dirai.

— Dis-le tout de suite, fit Dieu le Père.

— Eh bien! l'affaire est dans le sac, dit La Ramée en le débouclant.

— Hors d'ici, maraud! cria saint Pierre sortant du sac.

— Non pas, dit Dieu le Père, qu'il reste! Il a ma parole.

— Quoi! Seigneur, vous allez pardonner à ce gueux-là?

— J'ai bien pardonné au Juif errant, quand il eut donné ses cinq sous à un pauvre! Si La Ramée a commis des péchés, il a pratiqué la charité, qui est la première de toutes les vertus.

XX

Et voilà comme, ainsi qu'il l'avait dit, ce diable de La Ramée entra, sac au dos, au paradis.

LE QUESNE AU LEU

I

u temps jadis, au bas du mont de Péruwelz, du côté qui regarde la Belgique, il y avait, dans la cavée, un gros chêne habillé de lierre, qu'on appelait le *Quesne au leu*. Ce chêne s'élevait tout contre la pente roide, et si juste à la hauteur de la butte, qu'on pouvait de plain-pied aller dans son branchage.

Un matin, il arriva une chose extraordinaire et vraiment incroyable. En poursuivant un lièvre, un loup trop bien lancé passa du mont dans l'arbre, se prit la patte de derrière dans les rampleurs ou sarments du lierre, resta suspendu la tête en bas et, malgré tous ses efforts, ne put parvenir à se dépêtrer.

A cette époque, on n'allait pas encore en pèlerinage à Notre-Dame de Bon-Secours, le mont de Péruwelz était désert et on n'y voyait âme qui vive. Le pendu se morfondit là deux tours d'horloge, et ses boyaux berloquaient dans son ventre comme des cailloux dans une brouette, lorsqu'il crut ouïr du bruit à quelque distance.

Il approcha de son museau ses deux pattes de devant, rassembla ses forces et cria : Au secours !

II

L'homme — car c'en était un — accourut au cri et, voyant le pauvre animal en si piteux état, il s'éclaffa de rire.

— Qu'est-ce qu'on dirait bien que tu fais là, fieu, demanda-t-il, et depuis quand les loups grimpent-ils aux arbres pour se brancher ?

— Je ne l'ai mie fait exprès, notre maître, répondit le loup. C'est en poursuivant ce brigand de putois qui ravage tout le pays. Je suis chu dans l'arbre, et ma patte s'est accrochée à ces maudits rampleurs.

— Il faut avouer, fieu, que tu es un fier étourneau.

— Je n'en disconviens pas, notre maître, mais dégagez-moi au plus vite, je vous prie ; sinon, je suis un loup perdu.

— Et qui m'assure qu'une fois dépendu, tu n'auras pas envie de me manger ?

— Oh ! pour qui me prenez-vous ?. Je ne mange d'ailleurs que les animaux nuisibles : les martes, les putois, les fouines, les belettes. Bien loin de nuire à l'homme, je lui rends au contraire les plus grands services.

— Qu'est-ce que ça peut me faire ? Je n'ai ni poulailler, ni bergerie ; je ne suis qu'un pauvre vannier.

— Vannier ! Ah ! mais je vous reconnais ! C'est vous qui demeurez à la Cigogne, tout contre le gros Médard, le berger. Dépendez-moi, notre maître, et je vous promets de ne jamais toucher aux moutons de ce brave Médard.

— Ça m'est bien égal. Il fait assez d'emblaves avec ses moutons, le gros Médard.

— Ah ! il fait des emblaves ! Comme ça se trouve ! moi qui devais aller justement du côté de sa bergerie voir de quoi il retourne !

— Me jures-tu que tu ne me mangeras point ?

— J'en crache mon filet !

Et de sa patte libre le loup se toucha le museau, comme c'est chez nous l'habitude.

Le bon vannier le dépendit. Une fois à terre, l'animal bâilla, s'étira, lécha sa patte endolorie, essaya quelques pas et parvint enfin à marcher clopin-clopant.

Les deux amis se dirigèrent vers le hameau de la Cigogne, sans y prendre garde.

III

Au bout d'un petit quart d'heure, sentant sa patte tout à fait dégourdie, le loup commença de lorgner son sauveur d'un œil gourmand.

— Sais-tu, fieu, que tu es bel homme, lui dit-il, et qu'on se nourrit bien à la Cigogne, si j'en juge par ta panse ?

— Heu ! heu ! fit son compagnon.

— Un homme superbe... dodu comme un moine de l'abbaye de Crespin !... et j'ai une faim !

— Ah çà ! pas de plaisanterie, compère ! Tu sais ce que tu m'as juré.

— Je sais, je sais... mais mes boyaux ne sont pas contents du tout. Ils carillonnent si fort que je n'entends plus la voix de ma conscience. Je crois bien que je vas manquer à ma parole.

— Garde-t'en, fieu. Et la reconnaissance ? moi qui t'ai sauvé la vie ! Voilà, en vérité, qui n'est pas juste, et il n'y a au monde qu'un loup qui soit assez malavisé pour avoir une pareille idée.

— Tu crois ?

— Je t'en réponds. Prenons, si tu veux, pour arbitre cette bonne femme de chienne qui vient de ce côté en clopinant. C'est une chienne d'âge ; ce doit être une chienne d'expérience.

— Soit ! consultons-la, mais dépêchons.

Et ils arrêtèrent la chienne.

IV

— Madame la chienne, dit le vannier, voici un loup qui était pendu par la patte au chêne du mont de Péruwelz. Il y aurait certainement rendu l'âme, si je ne l'avais dépendu. Et maintenant, pour ma peine, il veut me manger. Est-ce juste ?

— Vous tombez mal, myn heer, répondit la chienne. Je ne suis point en état de vous juger ; j'ai bien et fidèlement servi mon maître jusqu'aujourd'hui, et voilà que, sur mes vieux jours, il me jette à la porte pour n'avoir plus à me nourrir ! Cherchez donc ailleurs qui vous juge.

Et la chienne tira sa révérence.

— Parbleu ! dit le vannier, je l'ai bien reconnue ; c'est la chienne du gros Médard. Mais où trouver un ladre comme le gros Médard ? Puisqu'elle se récuse, veux-tu que nous soumettions le cas à cette honnête jument qui broute l'herbe là-bas dans les wareschaix ?

— Soit ! Mais faisons vite, répondit le loup en aiguisant ses dents.

V

Ils appelèrent la jument et l'homme lui exposa l'affaire.

— Vous vous adressez on ne peut plus mal, l'homme de Dieu, répondit la jument. J'ai usé ma vie à labourer la terre pour mon maître et, maintenant que je ne suis plus bonne à rien, il parle de me faire abattre. Je serais donc fort mauvais juge de votre différend.

— Eh bien ! fieu de Dieu, qu'en dis-tu ? fit le loup.

— Ces gueux de domestiques ne sont jamais contents, repartit le vannier. Tiens ! voici un renard qui risque un œil hors de son terrier. Appelons-le ; c'est un libre animal ; il nous jugera en toute liberté.

— Je veux bien consulter encore celui-là, mais je te préviens que j'ai six aunes de boyaux vides et des dents qui s'allongent, qui s'allongent !... Si mon compère renard te condamne, je te promets que tu y passeras !

Ils crièrent au renard de venir, et l'homme encore une fois posa la question.

V

Compère renard se recueillit un moment.

— Je comprends, dit-il enfin, l'appétit du loup, car il faut avouer, mon bonhomme, que tu es un fin morceau.

— N'est-ce pas ? fit le loup charmé de ce début.

— Mais, je le confesse à ma honte, je ne comprends pas aussi bien qu'on se pende par la patte à des rampleurs. Je ne saurais donc vous juger sans avoir vu de mes yeux comment les choses se sont passées. Menez-moi pour voir au mont de Péruwelz.

— Je le veux bien, dit le loup.

Quand ils furent sur le mont de Péruwelz, à portée du chêne, et que le renard eut longtemps considéré l'arbre :

— En vérité, dit-il en se grattant l'oreille, je ne conçois pas davantage comment le loup a pu faire pour se pendre.

— C'est pourtant bien simple, répondit le loup sans défiance; j'ai fait comme ça.

Il sauta dans l'arbre.

— Et puis? dit le renard.

— Et puis comme ça, dit le loup, et il engagea sa patte de derrière dans les rampleurs.

— Et puis ? dit le renard.

— Et puis comme ça, dit le loup, et il se laissa choir la tête en bas.

— Voilà comme tu étais pendu ?

— Oui, fieu.

— Eh bien ! restes-y, fieu, dit le renard.

— Superbe jugement ! jugement admirable ! s'écria le vannier enchanté. C'est affaire à vous, notre maître, et on n'a pas plus d'esprit.

— Oh! dit modestement le renard, ce n'est mie bien malin. Le loup n'est qu'un imbécile qui ne fait qu'aller sur les brisées d'autrui. Je le lui avais prédit qu'un jour ou l'autre il lui arriverait malheur.

— C'est égal. Je te dois tout de même une fière

Le Quesne au leu

chandelle, et je tiens à te prouver ma reconnaissance.

— Il n'y a pas de quoi, fieu de Dieu.
— Si, si, fieu. Attends-moi ici demain matin ; je t'apporterai deux poulardes.
— Grasses ? demanda le renard en se léchant les babines.
— A lard ! dit l'homme.
— C'est bon, fieu, on y sera.

Et les nouveaux amis se séparèrent

VII

Le lendemain, au déjucher des glaines, le vannier arriva avec un grand sac. Maître renard l'attendait sous le chêne où le loup achevait sa carrière.

— Ouvre le sac, fit l'homme, et tu m'en diras des nouvelles.

Le renard l'ouvrit, et il en sortit un gros chien qui étrangla maître renard.

Le chêne prit de là le nom de *Quesne au leu*, et c'est depuis lors qu'on dit chez nous en commun proverbe :

> Faites du bien à un baudet,
> Il vous rue au nez.

CAILLOU QUI BIQUES!...

I

u temps jadis, au temps où la forêt Charbonnière couvrait encore une partie de la Flandre, le village d'Autreppe existait déjà et c'était, comme aujourd'hui, un village tout bleu.

Personne n'ignore qu'à Autreppe, à cause de la grande carrière de pierres bleues, non-seulement les toits et les escaliers des maisons, mais encore les maisons, les pavés et la poussière elle-même, tout est bleu.

En ce temps-là, il y avait dans le village un magnifique château, bleu comme le reste, et le seigneur ne s'appelait pas autrement que le roi du Pays-Bleu.

Ce roi était un homme rude. Il n'avait point de plus grand plaisir que la chasse, et il passait des journées entières dans la partie de la forêt qui formait son domaine.

Un jour, un de ses gardes y alla et le soir il ne revint pas. Comme il ne revint ni le lendemain, ni le surlendemain, le roi en envoya deux autres à sa recherche. Chose étonnante! on ne les revit pas non plus.

Le monarque alors rassembla tous les chasseurs du pays et leur ordonna de fouiller la forêt. Ils le firent, mais pas un ne revint, et il ne revint pas un seul chien de la meute que chacun avait emmenée.

Ce que voyant, le roi défendit qu'on remît les pieds dans la forêt dangereuse. A partir de ce moment, elle resta dans le silence, et sa solitude ne fut troublée que par un aigle ou un vautour qui parfois planait au-dessus de son feuillage tranquille.

II

Le roi ne chassait plus jamais de ce côté. Un jour pourtant, on lui fit don d'une balle enchantée et, en poursuivant un sanglier, il se laissa entraîner dans la forêt. Il arriva bientôt à une mare profonde, où la bête se plongea.

Son chien y fut avant lui et, à peine avait-il touché l'eau, qu'un bras en sortit, le saisit et le saqua au fond.

Cela fut si vite fait que le chasseur n'avait pas eu le temps d'épauler son arquebuse. Il n'en tira pas moins au juger. Soudain, au contact de la balle enchantée, l'eau bouillonna et se transforma en une vapeur opaque qui monta, monta et alla grossir les nuages; l'étang était à sec.

Alors dans la vase le monarque aperçut un homme sauvage dont le corps semblait être de pierre gris-rouge. Cet homme avait de longs cheveux noirs qui lui couvraient le visage et descendaient jusqu'à ses genoux.

En ce moment, le roi fut rejoint par ses piqueurs. Tous ensemble s'emparèrent de l'homme de pierre, le lièrent avec des cordes et l'emmenèrent au château.

Le monarque le fit enfermer dans une grande cage de fer, qu'on plaça au mitan de la cour, et défendit, sous peine de mort, de lui ouvrir la porte.

— Donnez-moi la clef, dit la reine, je la mettrai sous mon oreiller.

On la lui confia, et dès lors chacun put aller dans la forêt en pleine sécurité.

III

Le roi du Pays-Bleu avait un fils qui était beau comme un rosier-fleuri. Un jour que le jeune prince s'amusait à tirer de l'arc, sa flèche tomba dans la cage de l'homme de pierre. C'était une superbe flèche ayant un bout ou, pour mieux dire, un maquet d'argent et, au talon, des plumes de diverses couleurs.

— Rends-moi ma flèche, dit le prince à l'homme de pierre.

— Ouvre-moi la porte, répondit celui-ci, et je te la rendrai.

— Je ne puis, répliqua l'enfant; le roi l'a défendu sous peine de mort.

Et il s'en alla, laissant là sa flèche.

Le lendemain il revint la demander.

— Ouvre-moi la porte, dit l'homme.

Et le petit gars refusa encore une fois. Il aurait pu prier son père de lui faire rendre sa flèche, mais il craignait d'être fouetté pour avoir tiré sur l'homme de pierre.

IV

Le jour suivant, le roi étant allé à la chasse, son fils revint auprès de la cage et dit à l'homme :

— Quand je le voudrais, il me serait impossible de t'ouvrir. Je n'ai pas la clef.

— Elle est, répondit l'homme, sous l'oreiller de ta mère. Rien ne t'empêche d'aller la prendre.

L'enfant résista encore durant une heure au désir de ravoir sa flèche, puis il apporta la clef et ouvrit la porte.

L'homme sauvage sortit, rendit sa flèche à l'enfant et s'encourut. Le petit prince comprit seulement alors quelle faute il avait commise. Il cria :

— Hé ! homme sauvage, ne t'en va pas ; si tu t'en vas, le roi me fera mourir !

L'homme de pierre revint :

— Mieux vaut être, dit-il, oiseau des bois qu'oiseau de cage. Viens avec moi, c'est le seul moyen que tu aies d'échapper à la mort. D'ailleurs, le fils de ton père n'y perdra rien.

Et, sans que le garçonnet y résistât, tant il avait peur de son père, l'homme le mit sur son épaule et s'enfonça dans la forêt.

Au retour de la chasse, le roi vit la cage vide et

demanda à la reine ce qui était arrivé. Elle n'en savait rien. Elle courut à sa chambre et ne trouva plus la clef. On s'aperçut alors que l'enfant avait disparu. On l'appela, on visita la maison, on fouilla la forêt, tout fut inutile. Le roi et la reine devinèrent ce qui s'était passé, et il y eut un grand deuil dans le château royal.

V

L'homme de pierre emporta le jeune prince au fin fond de la forêt, à l'endroit où verdoie encore aujourd'hui le bois d'Angre et où le *Caillou qui bique*, autrement dit le rocher qui saille, dresse sa tête d'homme à plus de soixante-dix pieds dans la clairière.

L'enfant remarqua en effet que la crête du rocher avait une figure humaine, et que cette figure ressemblait vaguement à celle de l'homme de pierre.

Celui-ci l'endormit alors et plongea avec lui, près de là, dans le gouffre de l'Honneau, qu'on appelle le *Trou du Diable*. Il ouvrit la porte souterraine dont on voit les gonds quand l'eau est claire, descendit encore, arriva à une immense galerie et y déposa le petit gars.

Il l'y laissa dormir tout le temps que durèrent les recherches, après quoi il le réveilla; il lui montra des diamants, des rubis, des saphirs, des topazes, des émeraudes, des chrysolithes, puis il lui dit :

— Ces trésors sont pour toi, si tu sais les gagner. Tu seras plus riche à toi seul que tous les rois de la terre.

— Que faut-il faire ? demanda l'enfant ébloui.

— Tu vas l'apprendre.

L'homme sauvage le remonta sur la terre et le conduisit à vingt pas du gouffre, devant une fontaine dont l'eau roulait des paillettes d'or.

— Tu resteras assis toute la journée auprès de la Fontaine d'or, et tu prendras garde qu'il n'y tombe rien qui ternisse son miroir. Chaque soir je viendrai m'assurer que tu as bien exécuté ta consigne.

Et il se replongea dans le Trou du Diable.

VI

Le jeune prince s'assit au bord de la Fontaine d'or, et il prit garde que rien n'y chût. Il resta là six heures d'horloge sans bouger, ce qui était un grand effort pour un enfant vif et arpiant comme une potée de souris.

Cependant le temps lui durait, et il s'ennuyait

ainsi qu'une hirondelle en cage. Pour se distraire, il pourmirait son image, qui lui riait dans le ruisseau.

Comme il se penchait de plus en plus, afin de se voir le poupart des yeux, ses longs cheveux, qui flottaient sur ses épaules, tombèrent dans l'eau.

Il releva vitement la tête, mais déjà ses cheveux étaient dorés et brillaient du plus vif éclat. Je n'ai pas besoin de vous dire si l'enfant fut désolé. Il prit son mouchoir et le noua autour de sa tête pour que l'homme de pierre ne s'aperçût de rien.

Celui-ci parut avant le soir, car déjà il savait tout; il dit au petit gars :

— Dénoue ton mouchoir.

Les cheveux d'or ruisselèrent sur les épaules, et le garçonnet eut beau s'excuser, l'homme de pierre n'en prononça pas moins son arrêt.

— Puisque tu n'as pas su gagner la fortune, tu vas aller par le monde apprendre ce que c'est que la pauvreté. Je ne veux point pourtant t'abandonner tout à fait. Lorsque tu auras besoin de moi, reviens ici et crie trois fois : « Caillou qui biques !... Caillou qui biques !... Caillou qui biques !... » Surtout retiens ceci : quand tu seras pour te marier, assure-toi que tu es aimé pour toi-même. Tu auras ainsi le bonheur, qui vaut mieux que la richesse.

VII

Alors le jeune gars s'en fut à l'aventure par la forêt profonde. Comme il avait l'âme résolue, il ne se tourmentait pas plus de son sort que les oiseaux des champs, qui ont le bon Dieu pour maître d'hôtel. Il arriva bientôt à un joli village où des fontaines jaillissantes et bondissantes entretenaient une verdure perpétuelle.

Tout y apparaissait du vert le plus tendre, et jusqu'aux maisons dont le toit verdoyait de mousse, et qui, du haut en bas, étaient tapissées de vignes grimpantes et verdissantes. Le château avait pour verte parure un lierre immense. Il se mirait dans un beau lac encadré par la forêt, et c'est pourquoi on l'appelait le château de Sebourg, qui, dans la langue du temps jadis, signifiait le château du Lac.

Le petit aventurier leva les yeux et vit à la fenêtre une jeune princesse d'une beauté merveilleuse. « Que n'est-ce là, s'apensa-t-il, celle qui doit m'aimer pour moi-même! »

Il entra dans le château et s'enquit du seigneur: on lui dit que c'était le roi du Pays-Vert. Il demanda si le roi pouvait lui donner du travail.

Les gens du château ne savaient trop à quoi l'employer. Ils l'arrêtèrent pourtant, parce qu'il leur plaisait par sa figure fraîche et roselante.

Enfin le cuisinier le prit à son service, et le prince du Pays-Bleu fut occupé à tirer de l'eau, à fendre du bois et à recueillir les cendres chez le roi du Pays-Vert.

Craignant qu'on ne le ramenât à son père, il évitait avec soin d'attirer l'attention.

Il gardait toujours son bonnet enfoncé jusqu'à ses oreilles et, quand on lui demandait pourquoi il couvrait si soigneusement ses cheveux, il répondait qu'il n'avait point de cheveux, les ayant perdus par suite de maladie. Et de là vient qu'au lieu de l'appeler Clicquet, du nom qu'il s'était donné, les gens du château l'appelèrent Petit-Tigneux.

Ce surnom lui resta et, du plus loin qu'ils le voyaient, les domestiques, en manière de plaisanterie, imitaient le cri de la mésange, qui, comme chacun sait, fait toujours : *P'tit tigneux ! p'tit tigneux !*

VIII

Or, un jour il arriva que les valets ayant eu congé pour aller à la ducasse de Sebourquiau, le jeune prince resta seul au château avec le cuisinier, et fut chargé de porter les plats sur la table du roi.

Comme il gardait son bonnet sur sa tête, le roi lui dit :

— Quand tu sers à table, il faut ôter ton bonnet.

— Je ne l'ignore pas, sire, répondit Clicquet, et, si je le garde, c'est pour le respect que je vous dois. J'ai eu une maladie qui a fait choir mes cheveux, et je n'ose me présenter la tête nue devant vous.

Le roi gronda fort le cuisinier pour avoir pris à son service un garçon qui n'avait point de cheveux. Il lui ordonna de le renvoyer ; mais le cuisinier eut pitié du petit gars et le donna au boulanger, qui le cacha dans son fournil. Le jeune prince l'y aida durant quelque temps, loin des regards du roi.

Un matin de juillet, comme il saquait de l'eau au puits, la chaleur était si grande, qu'il ôta son bonnet. Ses cheveux d'or dévalèrent sur ses épaules, et les rayons du soleil, en tombant dessus, allèrent se refléter dans les vitres de la chambre où dormait la belle Lauriane, la fille du roi.

La princesse fut réveillée par cette vive lumière. Elle se leva, s'habilla précipitamment et courut à la fenêtre pour voir ce que c'était ; elle aperçut le jeune mitron avec ses cheveux d'or, et fut tout éblouie. Elle le regarda jusqu'à ce qu'il eût remis son bonnet, et alors, bien qu'elle fût très-fière et ne parlât jamais aux domestiques, elle lui cria :

— Eh ! garçon, cuisez-vous aujourd'hui ?

— Oui, mademoiselle, répondit Petit-Tigneux.

— En ce cas, apporte-moi une riboche.

C'est ainsi qu'on appelle chez nous une **pomme enveloppée de pâte et cuite au four**.

IX

Petit-Tigneux entra dans la boulangerie et y fit une riboche.

— Pour qui cette riboche ? lui dit le boulanger.

— Pour la princesse, qui me l'a demandée.

— Oseras-tu bien lui porter une méchante riboche d'un sou ? Faisons-lui plutôt un doré, une tarte ou une gohière.

— Non, dit Clicquet. Si elle m'a demandé une riboche, c'est qu'elle a envie d'une riboche et non d'une gohière.

La riboche cuite, il la porta, le cœur battant, à la belle Lauriane, qui lui dit brusquement :

— Ote ton bonnet. Il ne convient pas que tu le gardes en ma présence.

— Je ne puis, princesse, répondit Clicquet, je n'ai point de cheveux.

Mais elle prit le bonnet par la houppe, le lui enleva et déroula les boucles d'or sur les épaules.

Le jeune prince fit mine de s'enfuir ; la princesse le retint par la manche de sa veste et lui dit :

— Qui es-tu ? Pourquoi as-tu menti et d'où vient que tu as des cheveux d'or ?

A toutes ces questions Petit-Tigneux ne répondit que par le silence. Il ne voulait pas avouer son secret, et de plus il était interdit par la grande beauté de la princesse. Voyant qu'elle n'en pourrait rien tirer, Lauriane le renvoya, en lui mettant dans la main une poignée de florins.

Clicquet retourna à sa besogne et, rencontrant les enfants du boulanger, il leur donna les florins pour jouer au palet.

Une heure après, la princesse les avisa qui jouaient avec les florins. Elle leur demanda qui les leur avait baillés.

Ils répondirent :

— Le Petit-Tigneux.

Et la princesse en fut bien surprise.

X

A quelque temps de là, le seigneur de Sebourg eut une querelle avec le puissant seigneur de la Flamengrie, et la guerre fut déclarée.

L'ennemi était en force, et le roi du **Pays-Vert** n'osait trop compter sur la victoire.

Le jeune prince s'apensa : « Maintenant que me voilà grand, il faut que j'aille à la guerre. C'est le moyen de gagner le cœur de la princesse. »

Il fut trouver les hommes d'armes et leur dit, franc comme un tigneux :

— Donnez-moi un cheval, et je vous accompagnerai.

Ceux-ci s'éclaffèrent de rire, et lui répondirent :

— Nous t'en laisserons un dans l'écurie. **Tu iras** le prendre, quand nous serons partis.

Quand ils furent en route, **Petit-Tigneux** se rendit à l'écurie et en fit sortir le cheval, qui était poussif et boitait si bas qu'il ne semblait avoir que **trois** jambes. Il l'enfourcha néanmoins et se rendit au fond de la forêt ténébreuse, devant le grand rocher à face humaine.

Arrivé là, il cria trois fois :

— Caillou qui biques !... Caillou qui biques !... Caillou qui biques !...

Aussitôt l'homme de pierre sortit du **Trou du Diable** et lui dit :

— Que veux-tu ?

— Je veux, répondit Clicquet, un cheval de bataille qui ne bronche pas, car je m'en vais **à la guerre.**

— Tourne-toi et regarde, dit l'homme, et il se replongea dans le gouffre.

Petit-Tigneux se tourna et vit venir dans la drève, je veux dire dans l'allée d'arbres, un palefrenier tenant par la bride un étalon dont les naseaux lançaient du feu. A côté du cheval marchait un écuyer portant les pièces d'une armure complète : casque, cuirasse, brassards, cuissards, épée et bouclier.

A vingt pas suivait une troupe d'hommes d'armes au visage de pierre, comme celui de l'homme sauvage. Leurs flamberges brillaient au soleil, mais ils n'avaient ni casques, ni cuirasses, ni boucliers. Ils étaient nus jusqu'à la ceinture, et leur poitrine était de pierre comme leur visage.

Ils marchaient serrés les uns contre les autres dans un profond silence, et la terre tremblait sous leurs pas. On aurait cru voir une troupe de statues en marche.

XI

Petit-Tigneux revêtit ses armes, donna au palefrenier son cheval à trois jambes, monta sur l'autre et se mit à la tête de sa compagnie.

Il arriva sur le champ de bataille comme la lune se levait.

Une grande partie des gens du comte de Sebourg avaient déjà mordu la poussière, et le reste commençait à lâcher pied.

Petit-Tigneux baissa la visière de son casque et poussa en avant avec sa troupe, qui ressemblait à une muraille vivante.

Les balles rebondissaient sur les poitrines, et les espadons s'y ébréchaient sans pouvoir les entamer.

Les hommes de pierre, toujours en silence, pénétrèrent dans les rangs ennemis, frappant d'estoc et de taille et écrasant sous leurs pieds tous ceux qui tombaient.

Les autres essayèrent de fuir, mais le jeune capitaine se mit à leur poursuite, et malheur à ceux qu'atteignit son épée !

Au lieu de revenir vers le roi, il prit un sentier détourné, ramena ses compagnons dans la forêt et cria trois fois :

— Caillou qui biques !... Caillou qui biques !... Caillou qui biques !...

— Que veux-tu ? dit l'homme sauvage.

— Reprends ton cheval de bataille et ta troupe d'hommes de pierre et rends-moi mon cheval à trois jambes.

La chose fut faite ainsi que Petit-Tigneux le désirait, et il s'en retourna au château sur son cheval à trois jambes.

Cependant la princesse Lauriane avait couru au

devant de son père pour le complimenter sur sa
victoire.

— Ce n'est pas moi qui l'ai remportée, dit le roi,
c'est un chevalier qui est venu à mon secours avec
sa compagnie.

— Quel était ce chevalier ? demanda Lauriane.

— Je l'ignore. Il s'est élancé à la poursuite des
ennemis, et on ne l'a plus revu.

Ces paroles piquèrent la curiosité de la princesse.
Le lendemain, en se promenant du côté du fournil,
elle rencontra le boulanger, et je ne sais pas pourquoi elle lui demanda des nouvelles de son mitron.

— Il est revenu, dit le boulanger, sur son cheval
à trois jambes, et on a bien ri! Ils sifflaient tous :
« P'tit tigneux! p'tit tigneux! » comme une volée
de mésanges, et ils lui disaient : « Derrière quelle
haie as-tu gardé la lune des loups? » Mais lui a ré-
pondu : « C'est moi qui ai fait gagner la bataille! »
Et l'on a ri bien plus encore.

Lauriane s'en alla toute songeuse.

XII

La princesse s'inquiétait fort de savoir qui était le
mystérieux chevalier. Le roi, qui l'adorait, lui dit :

— Voici que l'hiver vient secouer sa cape de

neige, et déjà la nuit dernière une crème de glace a ridé la face du lac. Aussitôt qu'il sera gelé jusqu'au fond, j'y donnerai durant trois nuits une fête aux patineurs. Tu leur jetteras une pomme d'or, et peut-être le chevalier inconnu se présentera-t-il afin de la gagner.

L'hiver vint et on fit de grands préparatifs pour la fête. Le soir où elle devait avoir lieu, Petit-Tigneux, qui était excellent patineur, s'en fut dans la forêt profonde et cria trois fois :

— Caillou qui biques!... Caillou qui biques!... Caillou qui biques!...

— Que veux-tu? demanda l'homme de pierre.

— Je veux gagner la pomme d'or de la princesse du Pays-Vert.

— Tu aimes donc la princesse Lauriane?

— Passionnément!

— Répond-elle à ton amour?

— Pas encore, mais je travaille à m'en faire aimer.

— C'est bien. Tourne-toi et regarde.

Clicquet vit encore arriver par la drève le palefrenier qui conduisait son étalon aux naseaux de feu; mais au lieu d'une armure, l'écuyer lui apportait un élégant costume de velours noir, une paire de patins et un masque de velours, avec une toque et une résille aux mailles serrées pour cacher la chevelure d'or.

XIII

Petit-Tigneux enfourcha sa monture et, suivi de son écuyer, se dirigea vers le château. Le coup d'œil était féerique. Des milliers de lampions luisaient dans les branches des arbres et formaient au lac un cadre de feu. Sur le lac, des poteaux, placés de distance en distance, supportaient des guirlandes de feux de mille couleurs. Des valets s'y promenaient avec des torches dont la lumière rouge se reflétait dans la glace.

Au milieu, les patineurs, richement vêtus, faisaient de gracieuses évolutions, allant, venant, se balançant, se dodelinant et se croisant comme des danseurs. Aux fenêtres du château tout illuminé se tenaient le roi, sa fille et les dames de la cour, emmitouflés de chaudes fourrures.

Arrivé auprès de la pièce d'eau, Clicquet laissa son cheval à la garde de l'écuyer, chaussa ses patins et d'un bond s'élança sur la glace.

Les patineurs se retournèrent pour voir le nouveau venu. Il patinait avec autant de grâce que de légèreté. Bientôt tous les yeux se fixèrent sur lui, et les concurrents eux-mêmes s'arrêtèrent pour le regarder plus à l'aise. Dans le demi-cercle qu'ils formèrent, il se mit alors à dessiner, avec la lame de son patin, un beau laurier, emblème de celle pour qui se donnait la fête.

Lauriane devina sur-le-champ que cet habile et galant patineur était le chevalier inconnu.

Elle fit quelques pas en avant et jeta la pomme d'or. Tous se précipitèrent, mais Clicquet l'attrapa au vol. Au lieu d'aller saluer la roi et la cour, il partit comme une flèche, gagna le bord, enfourcha son cheval et s'enfonça dans la forêt.

XIV

La nuit suivante, il parut tout vêtu de bleu. Les patineurs firent cercle autour de lui. Cette fois ce fut le nom même de Lauriane, enguirlandé de branches de laurier, qu'il traça sur la glace.

Il saisit encore la pomme d'or et s'enfuit; mais le roi se fâcha fort de cette façon d'agir.

— Ce n'est point ainsi, dit-il, que doit se conduire un honnête chevalier. S'il revient, qu'il prenne la pomme et se sauve comme un voleur, vous vous mettrez à sa poursuite, et vous nous l'amènerez de gré ou de force, quand pour cela il faudrait le blesser.

La troisième nuit, c'est en vain qu'on attendit l'étranger ; il ne parut point. La princesse était désolée. Elle recula le plus possible le moment de jeter la pomme, mais elle dut enfin se décider.

Comme sa main la lançait, un cri terrible partit tout à coup du bord du lac. Les patineurs se retournèrent et virent un grand fantôme blanc qui s'avançait rapidement vers eux. Frappés de stupeur, ils s'écartèrent pour lui livrer passage. Le fantôme ramassa la pomme d'or et fila vers la forêt, agile comme un boquet, je veux dire un écureuil.

Les chevaliers devinèrent que c'était le mystérieux patineur. Ils se mirent à sa poursuite, et l'un d'eux le serra de si près que la pointe de son épée lui érafla le bras.

Le lendemain, la fille du roi demanda encore au boulanger des nouvelles de son mitron.

— Le gars, dit-il, est dans sa chambre. Il est allé chaque soir à la fête, et il a montré à mes enfants trois pommes d'or qu'il y a gagnées.

La princesse n'y tint plus. Mettant bas toute fierté, elle s'en fut, sans faire semblant de rien, regarder par le trou de la serrure, et elle vit Petit-Tigneux qui pansait son bras. Ses longs cheveux d'or inondaient ses épaules et sur la cheminée brillaient les trois pommes d'or.

Plus de doute! Petit-Tigneux était le mystérieux chevalier : mais aimait-il la princesse et d'où vient qu'il se déguisait en garçon boulanger ?

« Je le saurai, » se dit Lauriane.

XV

Cependant le printemps revint et le roi du Pays-Vert dit à sa fille :

— Il est temps de te marier; je te laisse libre de choisir l'époux qui te conviendra.

— Je prendrai, répondit-elle, celui qui m'aimera d'un véritable amour.

— Comment le connaîtras-tu ? demanda le monarque.

— J'ai un moyen, repartit la princesse.

Elle fit construire dans la grande avenue du château une chaussée d'or, puis elle dit au portier :

— Celui qui poussera son cheval droit au milieu du chemin sera l'époux que j'attends ; vous le laisserez entrer; mais à ceux qui passeront sur le côté, vous n'ouvrirez point la porte.

Et le roi fit publier à son de trompe qu'il avait décidé de marier sa fille, et que les prétendants pouvaient se présenter.

Ils vinrent en foule des quatre points cardinaux. A la vue du beau pavé d'or, chacun d'eux se dit : « Ce serait vraiment dommage d'y passer. Le sabot de mon cheval pourrait l'abîmer. »

Tous les chevaliers prirent donc les bas côtés ; mais lorsqu'ils arrivèrent près de la porte, le gardien leur cria à chacun :

— Passez votre chemin, myn heer ; la princesse n'est point pour vous.

XVI

Quand Petit-Tigneux ouït la proclamation, son cœur battit fort. Il s'en alla dans la forêt profonde et appela trois fois :

— Caillou qui biques !... Caillou qui biques !... Caillou qui biques !...

— Que veux-tu ? fit l'homme de pierre.

— Je veux, dit Petit-Tigneux, le cheval le plus fringant et le plus riche habit de gala.

— Pour quoi faire ?

— Pour aller demander la main de la princesse du Pays-Vert.

— Es-tu sûr qu'elle t'aime pour toi-même ?

— J'ai tout fait pour cela.

— Ce n'est pas une raison. Au reste, nous verrons bien. Tourne-toi et regarde.

Et Clicquet vit arriver par la drève un cheval plus beau encore que les autres, et un écuyer qui apportait un splendide habit de velours vert.

Le jeune prince le revêtit, monta à cheval, et cette fois il ne laissa plus son écuyer dans la forêt. Au fur et à mesure qu'il s'approchait du château, son cœur battait plus fort. Il craignait de n'être pas agréé, et cette pensée l'absorbait tellement qu'il passa au beau milieu du chemin d'or, et arriva à la porte, sans l'avoir remarqué.

La porte s'ouvrit devant lui, et aussitôt les arbustes qui ornaient le perron frissonnèrent; sur l'escalier les fleurs s'épanouirent, et les oiseaux rares remplirent les appartements de leurs joyeux concerts.

Dans la grande salle était réunie toute la cour. Cette fois Petit-Tigneux défula sa toque à la vue du roi. Ses longs cheveux d'or ruisselèrent sur ses épaules, et c'était un spectacle si éblouissant que le soleil lui-même en fut jaloux.

— N'est-ce pas, dit le monarque, notre ancien garçon de cuisine, celui qu'ils appelaient Petit-Tigneux ?

— Oui, sire, fit Clicquet, et de plus le chevalier qui a gagné les trois pommes d'or — et il les montra — et celui qui vous a aidé dans la bataille !

Et tandis qu'il parlait ainsi, on entendit un pas pesant, comme de statues en marche ; c'était l'escorte du prince que l'homme de pierre envoyait pour lui faire honneur.

— Qui donc êtes-vous alors ? demanda le souverain.

— Je suis, répondit Clicquet, le fils du roi du Pays-Bleu.

— Rien ne s'oppose, en ce cas, à ce que vous épousiez notre fille, si elle y consent.

— Il y a longtemps, répondit la princesse en baissant les yeux, que j'ai reconnu qu'il était fils de roi.

— Il ne manque plus, ajouta le monarque, que le consentement de notre beau cousin, le roi du Pays-Bleu. Soupez ce soir avec nous, vous irez le querir demain.

Les futurs époux soupèrent l'un près de l'autre. Ils mangèrent à peine, et pourtant ce fut le meilleur repas qu'ils eussent fait de leur vie.

XVII

Le lendemain, dès le paître au boquet, le prince partit à travers la forêt pour aller querir le consentement paternel.

Le roi et la reine du Pays-Bleu furent enchantés de revoir leur fils, qu'ils croyaient mort, et se mirent en route avec toute la cour, afin d'assister à la noce.

Clicquet qui, bien que prince, n'était pas ingrat, les fit passer devant le Trou du Diable. Arrivé dans la clairière, il s'arrêta et cria trois fois :

— Caillou qui biques !... Caillou qui biques !... Caillou qui biques !...

— Que veux-tu ? dit l'homme de pierre, paraissant tout à coup.

— Te remercier et t'inviter à mon mariage avec la princesse du Pays-Vert.

— Es-tu sûr qu'elle t'aime pour toi-même ? demanda encore l'homme sauvage.

— Puisqu'elle veut bien m'épouser !

— Ce n'est pas une raison ; elle veut bien épouser le prince du Pays-Bleu, mais aimait-elle assez Petit-Tigneux pour en faire son mari ?

Comme le prince se taisait, interdit :

— Nous allons le savoir, ajouta l'homme de pierre.

Il s'approcha de la Fontaine d'or, prit un peu d'eau dans le creux de sa main et en arrosa le roi, la reine, les seigneurs et les dames de la cour. Tous furent soudain changés en arbres à fleurs d'or, et là où s'ouvrait une clairière, un fourré s'épaissit.

XVIII

Un jour, deux jours s'écoulèrent, et on fut fort étonné au Pays-Vert de ne pas voir reparaître le jeune prince. Le roi envoya secrètement au château du Pays-Bleu savoir ce qui se passait. Son émissaire n'y trouva que les domestiques. Le roi, la reine, le jeune prince étaient partis depuis trois jours, et depuis trois jours on n'avait point eu de leurs nouvelles.

Le monarque fit fouiller toute la forêt; ce fut en vain. On ne découvrit nulle trace des souverains du Pays-Bleu.

La princesse Lauriane était au désespoir. Un matin, n'en pouvant plus de douleur et d'inquiétude, elle s'échappa seule du château et s'enfonça dans le bois. Arrivée au Caillou qui bique, elle s'arrêta d'instinct et comme retenue par une force supérieure.

Tout y était tranquille et silencieux, ainsi que dans une église ; nul vent ne soufflait, nul ruisseau ne murmurait, nul rayon de soleil ne perçait le feuillage touffu.

La princesse s'appuya contre un ébénier aux longues grappes d'or, et promena autour d'elle un regard navré. Son cœur se gonfla ; elle poussa un soupir et, pensant que son fiancé était à jamais perdu, elle laissa échapper ces mots :

— Ne te verrai-je donc plus, mon pauvre Petit-Tigneux ? Hélas ! j'eusse été trop heureuse de t'épouser, quand même tu serais resté un simple mitron !

Soudain elle crut sentir que l'arbre s'animait. Son écorce devenait tendre comme de la chair ; ses rameaux s'inclinaient vers elle ; les grosses branches se changeaient en bras qui l'entouraient. Lauriane leva la tête et, à la place de l'arbre, elle vit le beau prince aux cheveux d'or qui l'embrassait amoureusement.

Aussitôt les arbres voisins se métamorphosèrent en brillants cavaliers et en belles dames qui, tous ensemble, prirent la route du Pays-Vert.

XIX

La noce eut lieu le lendemain. L'homme de pierre y assista, vêtu d'habits magnifiques et ruisselant de pierreries. Il donna une partie de ses trésors au jeune prince ; mais le plus précieux fut le cœur de la princesse du Pays-Vert que, grâce à lui, Petit-Tigneux était bien sûr de posséder.

LA VIOLE D'AMOUR

I

u temps jadis, il y avait au château d'Antoing, près de Tournay, une jeune comtesse nommée Cécile, qui aimait la musique par-dessus tout.

Or, la cathédrale de Tournay avait alors pour organiste un jeune homme du nom de Roland, qui était fils d'un luthier, et qui montrait pour la musique un tel génie qu'à quinze ans il jouait de tous les instruments connus.

Souvent le duc d'Antoing le mandait au château pour exécuter des sonates avec sa fille, laquelle pinçait fort bien de la harpe.

En ce temps-là, les instruments de musique étaient fort imparfaits et, quoique Cécile prît un grand plaisir à les entendre, ni le théorbe, ni la mandoline, ni la guitare, ni la harpe, ni l'orgue ne lui allaient au cœur au point de faire pleurer ses beaux yeux.

— Oh! disait-elle souvent, s'il se trouvait un musicien qui sût tirer des larmes de mes yeux, je lui donnerais la plus belle rose de mon bouquet, le plus beau rubis de mon collier, la plus belle perle de ma couronne!

Cécile était une merveille de grâce et, malgré le proverbe : « Chaque brebis avec sa pareille, » Roland n'avait pu résister à son charme souverain.

Un jour qu'elle venait de répéter ses paroles favorites, Roland disparut.

II

Cécile regretta le jeune musicien, mais elle eut bientôt d'autres sujets de tristesse. Depuis plus de cent ans les d'Antoing étaient en querelle avec les Bitremont, leurs puissants voisins.

Le comte de Bitremont remarqua Cécile dans un

tournoi, fut frappé de sa beauté, et la demanda à son père.

Le comte passait pour un homme jaloux et emporté ; il avait le teint olivâtre, les cheveux aussi noirs que l'aile du corbeau et l'œil sombre sous d'épais sourcils.

Cécile avait peur de lui, mais son père désirait fort ce mariage, qui devait ramener la paix entre les deux maisons. La pauvre enfant céda et ne tarda point à s'en repentir.

Son époux se montra bientôt d'une jalousie effrayante ; il aurait voulu que sa femme n'aimât que lui seul au monde, et il ne faisait rien pour gagner son cœur.

Tout lui portait ombrage, et même l'amour de Cécile pour la musique. Il souffrait impatiemment qu'elle pinçât de la harpe ; il alla un jour, dans un accès de colère, jusqu'à briser l'instrument en mille pièces.

La pauvre Cécile songeait bien souvent au temps béni où elle pouvait, en toute liberté, exécuter des sonates avec Roland.

III

Un soir que la comtesse de Bitremont était en visite avec son époux au manoir d'Antoing, on vint annoncer qu'un ménestrel demandait à jouer de son instrument devant les hôtes du château.

Le comte de Bitremont fit un mouvement d'impatience, mais le duc n'y prit garde, et donna l'ordre d'introduire l'étranger; c'était Roland.

A sa vue, les yeux de la jeune femme s'animèrent.

— Quoi! c'est vous? dit-elle avec un doux sourire. Hé! d'où venez-vous, beau fugitif?

— Dame de beauté, répondit Roland, vous avez souvent répété que, s'il se trouvait un musicien qui pût tirer des pleurs de vos yeux, vous lui donneriez la plus belle rose de votre bouquet, le plus beau rubis de votre collier, la plus belle perle de votre couronne. Je viens de passer deux années à Crémone, et j'ai eu le bonheur d'inventer un instrument qui peut-être accomplira ce prodige. Le voici.

Et il présenta l'instrument nouveau. Cécile le considéra attentivement, puis elle dit :

— Comment appelez-vous ce merveilleux instrument?

— La viole d'amour !

Ces paroles accrurent la colère du comte.

— Quel besoin a-t-on, murmura-t-il, de recevoir ces mendiants, joueurs de viole et quémandeurs de florins ?

— Je ne suis point un mendiant, répondit l'artiste, et je ne demande rien que l'honneur de récréer madame la comtesse.

Tout entière à sa passion, Cécile ne remarqua point la fureur croissante de son époux. Sur un signe d'elle, Roland accorda sa viole et commença.

IV

L'instrument rendait, en effet, des sons plus suaves et plus caressants que tous ceux que la comtesse avait ouïs jusqu'alors. L'inventeur en jouait avec un charme étrange. D'abord étonnée, puis émue, la comtesse tomba dans une rêverie profonde.

Bientôt son sein battit avec force, ses traits exprimèrent un plaisir douloureux et, quand l'artiste se tut, elle fixa sur lui deux yeux humides.

Alors, oubliant tout, elle se leva, détacha la rose qui ornait son corsage et l'offrit au jeune ménestrel en disant :

— Jamais, mon doux ami, je n'ouïs rien d'aussi touchant! Jouez encore, je vous prie, car je veux tenir toute ma promesse.

— Tu ne la tiendras point, malheureuse! s'écria le comte et, dans un accès de rage, il tira son poignard et le plongea dans le cœur de sa femme, qui tomba morte.

Roland poussa un cri, sauta sur le poignard, le retira du sein de la jeune femme, l'enfonça dans le cœur du comte de Bitremont et s'enfuit.

V

Il resta vingt ans sans reparaître. On le crut mort; mais il revint et nul ne le reconnut. Le dos voûté, les yeux hagards, la barbe et les cheveux gris, les joues creuses, combien il était changé!

La vue de Cécile assassinée avait égaré sa raison. Il croyait la jeune femme toujours vivante, mais perdue pour lui, et il la cherchait partout.

De grand artiste il était devenu un pauvre guisterneux. Il allait jouant de la viole par les tavernes et les cabarets, vivant de la charité publique et se chauffant à la cheminée du bon Dieu.

C'était le hasard qui le ramenait aux lieux de sa

naissance. La nuit était fermée, quand il se trouva devant le château d'Antoing. Il le regarda et soudain il se fit comme une éclaircie dans sa tête ; à la lumière blanche de la lune, il avait reconnu le vieux manoir.

Il franchit les murs du parc et, au bout de quelques pas, il aperçut une chapelle ouverte. Il y entra.

Au milieu de la chapelle s'élevait un tombeau de marbre où se tenait debout une femme jeune et merveilleusement belle. Drapée dans un grand manteau de cérémonie, le front ceint de la couronne comtale, le cou orné d'un collier de rubis, les bras croisés, les yeux au ciel, elle semblait écouter les concerts des anges.

C'était la statue de Cécile, et l'artiste l'avait faite si ressemblante, que Roland poussa un cri et crut voir Cécile elle-même en chair et en os.

— Après vous avoir cherchée vingt ans, je vous retrouve enfin, dame de beauté ! s'écria-t-il. Ah ! j'espère encore toucher votre cœur et faire pleurer vos beaux yeux !

VI

Il accorda sa viole et se redressa. Il commença alors un chant bizarre et sublime où sanglotait la plainte la plus déchirante qui soit jamais sortie d'une âme désolée.

Tout à coup, ô prodige! l'immobile visage de la statue se voila d'une tristesse profonde, ses yeux s'emplirent de larmes et regardèrent le musicien avec une tendresse ineffable.

Quand il eut fini, la dame décroisa ses bras de marbre, porta la main à son collier, en détacha le plus beau rubis et le présenta à Roland.

Le ménétrier prit en tremblant la pierre précieuse, puis la statue recroisa ses bras et rentra dans son immobilité.

Eperdu d'amour, Roland tomba à genoux et s'écria :

— Merci! dame de beauté, vous avez tenu votre promesse; mais est-ce donc l'artiste seulement qui a eu l'heur de vous plaire? Oh! je vous en supplie, dites un mot, faites un geste qui prouve que l'homme aussi a touché votre cœur!

Mais la statue resta muette et impassible, et Roland s'éloigna désespéré.

Il erra toute la nuit et le jour suivant par la campagne. Le soir, épuisé de fatigue, il demanda l'hospitalité dans une ferme. On eut pitié de lui et on l'envoya au grenier.

Le matin, avant l'aube, des hommes d'armes vinrent qui le fouillèrent et trouvèrent sur lui la pierre précieuse ; ils le conduisirent devant le juge.

Aux questions du magistrat il répondit que le rubis lui avait été donné par la comtesse. Le juge crut qu'il feignait la folie, le reconnut coupable de sacrilége, et le condamna pour l'exemple à être pendu sur l'heure, en face de la chapelle où il avait commis son crime.

Suivi d'une grande foule de peuple, Roland s'avança entre les gardes. Il ne comprenait pas où on le menait, ni ce qu'on lui voulait.

En arrivant au lieu du supplice, il aperçut la statue de Cécile. Un éclair de raison se fit jour dans son âme. Il releva la tête.

— Il est d'usage, dit-il, qu'on accomplisse le dernier vœu d'un condamné à mort. Qu'on me rende ma viole, je désire en jouer encore une fois !

VII

On lui remit son instrument. Il alla se placer devant la statue et entonna son chant de mort.

— C'est pour vous, dame, que je meurs, disait la funèbre lamentation. Je ne regrette point la vie, puisque vous ne m'avez jamais aimé ; mais ma mémoire sera chargée d'un crime dont, vous le savez, je suis innocent ; le souffrirez-vous ?

Et, pendant que sa viole se plaignait ainsi, il fixait ardemment ses regards sur le visage muet de la statue.

Au fur et à mesure qu'il jouait, la raison lui revenait. Bientôt il reconnut que ce n'était pas Cécile qu'il avait devant les yeux, mais son image, une froide statue de marbre.

Le guisterneux remarquait en outre qu'elle ne portait plus ni son collier de rubis, ni sa couronne de perles. On les lui avait ôtés par prudence et pour ne plus tenter les voleurs.

— Oh ! c'est bien fini, disait la viole, et vous ne tiendrez pas votre promesse jusqu'au bout. Rien maintenant ne peut plus me sauver. Adieu donc, vous que j'ai tant aimée !

A ce moment une voix cria : — Regardez! et un long frémissement courut dans la foule.

Le front de la statue se voilait de deuil, ses yeux s'attendrissaient. Bientôt deux larmes y parurent et descendirent lentement le long de ses joues de marbre.

La statue décroisa ses bras, rapprocha ses mains ouvertes, y reçut les deux larmes qui se condensèrent en grosses perles, et les présenta au pauvre guisterneux.

VIII

Le peuple cria miracle et délivra Roland.

Dès lors la raison lui fut tout à fait rendue et il redevint un grand artiste.

La chapelle fut bientôt un but de pèlerinage et les musiciens choisirent pour leur patronne Cécile, la tendre fille du duc d'Antoing, qui aimait tant la viole d'amour, qu'à l'ouïr ses yeux de marbre pleuraient des perles.

DÉSIRÉ D'AMOUR

Au temps jadis, au temps du roi Cambrinus, il y avait à Avesnes un seigneur de ses amis qui était le plus bel homme, j'entends le plus gras de tout le pays flamand. Il faisait ses quatre repas, dormait ses douze heures, et ne touchait à d'autre arme que son arc, dont il se servait uniquement pour tirer à l'oiselet, le jour de la ducasse.

Il tirait d'ailleurs fort mal, gêné par sa panse, laquelle s'arrondissait à ce point, qu'il était réduit à la brouetter; et de là vient que les plaisants de l'endroit l'appelaient le seigneur Panche-à-Brouette.

Le seigneur Panche-à-Brouette n'avait de souci que son fils, qu'il adorait et qui ne lui ressemblait en rien, étant maigre comme un coucou. Ce qui surtout l'inquiétait, c'est que le jeune prince, au jugement des demoiselles du pays, avait un fort grand défaut : à aucun prix et quelques doux yeux qu'on pût lui faire, il ne voulait se marier.

Au lieu de causer sur la brune avec elles, il s'enfonçait volontiers dans les bois pour deviser avec la lune; aussi les demoiselles le trouvaient fantasque et chimérique. Il ne leur paraissait pas moins aimable, au contraire, et, comme il avait reçu en naissant le nom de Désiré, elles ne le nommaient pas autrement que Désiré d'Amour.

— Qu'est-ce qui te tourmente? lui répétait souvent son père. Tu as ici tout ce qui donne le bonheur : bon lit, bonne table et de la bière à pleines tonnes. Il ne te manque plus, pour devenir gras à lard, qu'une femme qui ait du bon bien au soleil. Marie-toi donc, et tu seras parfaitement heureux.

— Je ne demande pas mieux, mon père, répondait Désiré; mais je ne trouve point de femme qui me plaise. Toutes les filles sont ici blanches et roses, et rien ne me semble fade comme leurs éternelles joues rouvelèmes.

— Par ma bedaine! voudrais-tu donc épouser une négresse, et m'enger d'une rabouillère de petits-fils laids comme des singes et bêtes comme la nuit?

— Non, mon père; mais il doit y avoir par le monde d'autres femmes que des femmes vermeilles et, je vous le déclare, je ne me marierai que le jour où j'en aurai rencontré une à mon goût.

II

Quelque temps après, il advint que le prieur de l'abbaye de Saint-Amand envoya au sire d'Avesnes une corbeille d'oranges, avec une belle lettre où il expliquait que ces fruits d'or, inconnus alors aux gens de Flandre, venaient en droite ligne du pays du soleil.

Le soir, à souper, Panche-à-Brouette et son fils goûtèrent aux pommes d'or, et elles leur parurent délicieusement rafraîchissantes.

Le lendemain, à la piquette du jour, Désiré d'Amour descendit à l'écurie et sella son joli cheval blanc; ensuite il alla tout botté trouver au lit Panche-à-Brouette, qui fumait sa première pipe.

— Mon père, lui dit-il gravement, je viens prendre congé de vous; j'ai rêvé cette nuit que je me promenais dans le bosquet où mûrissent les pommes d'or. J'en ai cueilli une et, après l'avoir ouverte, j'en ai vu sortir une princesse aux joues dorées, qui était d'une beauté merveilleuse; voilà l'épouse qu'il me faut, et je m'en vais de ce pas à sa recherche.

Le sire d'Avesnes fut tellement estomaqué qu'il laissa choir sa pipe; puis, à l'idée que son fils voulait épouser une femme jaune, une femme enfermée dans une orange, il partit d'un immense éclat de rire

Désiré d'Amour attendit, pour achever ses adieux, que l'accès fût passé; mais Panche-à-Brouette n'était point là de s'arrêter. L'outre qui lui servait de panse allait et venait, montait et descendait comme une barrique sur les flots, et le pauvre garçon restait devant lui tout penaud, sans pouvoir placer une syllabe.

Ce que voyant, il se jeta sur la main de son père, la baisa tendrement, ouvrit la porte et, en un clin d'œil, fut au bas de l'escalier. Il enfourcha lestement son bidet, et il était déjà à un quart de lieue que Panche-à-Brouette riait encore.

— Une femme jaune! mais il est fou! fou à lier! s'écria le brave homme, quand il eut recouvré la parole. A moi! vite, courez! et qu'on me le ramène!

Ses domestiques accoururent à ses cris et sautèrent à cheval. Ne sachant quelle route le fils du seigneur avait prise, ils se répandirent par tous les chemins, hormis le bon et, au lieu du fugitif, ils ne ramenèrent au brun soir que leurs chevaux fourbus et couronnés.

III

Quand Désiré d'Amour se crut hors d'atteinte, en homme qui avait à dérouler un joli ruban de queue, il mit son bidet au pas. Il voyagea ainsi tout bellement, à petites journées, traversant les villes, les bourgs, les villages, les monts, les vaux, les plaines, et se dirigeant toujours du côté où le soleil lui paraissait plus vif et plus chaud.

Le soleil devint enfin si brûlant qu'un jour, comme il baissait à l'horizon, Désiré d'Amour se crut bien près d'arriver. Il était pour lors au coin d'un bois, devant une cabane où son cheval fatigué s'arrêta de lui-même. Sur la porte se tenait assis, prenant le frais, un vieil homme à barbe blanche. Le prince descendit de cheval et lui demanda l'hospitalité.

— Entrez, mon jeune ami, répondit le vieillard. Ma maison n'est point grande, mais elle l'est assez pour qu'un voyageur ne reste pas à la porte.

Le voyageur entra et son hôte lui servit un repas frugal. Quand le prince eut apaisé sa faim :

— Si je ne me trompe, fit le vieillard, vous devez venir de loin ; peut-on savoir où vous allez ?

— Je vais vous le dire, répondit Désiré, quoiqu'il

y ait gros à parier que vous vous moquerez de moi, comme mon père. J'ai rêvé qu'au pays du soleil il y avait un bosquet d'orangers, et que dans une orange je trouverais la princesse merveilleusement belle que je dois épouser; c'est elle que je vais cherchant.

— Pourquoi me moquerais-je? repartit le vieillard. Être fou à vingt ans, n'est-ce pas être sage? Va, jeune homme, suis ton rêve et, si tu ne trouves pas le bonheur que tu cherches, tu auras du moins le bonheur de l'avoir cherché!

IV

Le lendemain, le prince se leva de grand matin et prit congé de son hôte.

— Le bosquet que vous avez vu en rêve n'est pas loin d'ici, lui dit le vieillard. Il se cache au fond de la forêt et ce chemin vous y conduira.

Vous arriverez devant un parc immense entouré de murs fort élevés. Dans ce parc est un château où habite une horrible sorcière qui n'y laisse pénétrer nul être vivant; derrière le château verdit le merveilleux bosquet. Longez la muraille jusqu'à ce que vous rencontriez une lourde porte de fer. N'y heurtez pas, mais graissez-en les gonds avec ceci :

Et le vieillard donna au fils de Panche-à-Brouette une petite fiole pleine d'huile.

— La porte s'ouvrira d'elle-même, continua-t-il, et un énorme chien qui garde le château, viendra à vous, la gueule béante; jetez-lui ce pain de gruau. Vous aviserez ensuite à droite une boulangère penchée sur son four allumé; présentez-lui ce balai. Enfin, vous verrez un puits à votre gauche ; ne manquez pas d'en ôter la corde et de l'étendre au soleil. Ce pas franchi, n'entrez point dans le château, mais tournez-le et allez droit au bosquet d'orangers. Cueillez-y trois oranges et reprenez au plus vite le chemin de la porte. Une fois dehors, sortez de la forêt par le bout opposé.

Maintenant, écoutez bien ceci : quoi qu'il advienne, n'ouvrez vos oranges qu'au bord d'une rivière ou d'une fontaine. Vous y trouverez trois princesses, parmi lesquelles vous choisirez une épouse. Votre choix fait, gardez-vous de quitter un seul instant votre fiancée, et souvenez-vous que le danger le plus à craindre n'est pas celui qu'on craint.

V

Désiré d'Amour remercia vivement son hôte, et prit le chemin qu'il lui indiquait. En moins d'une heure, il arriva au pied du mur, qui était d'une hauteur prodigieuse. Il sauta à terre, attacha son cheval à un arbre et découvrit bientôt la porte de fer; alors il déboucha sa fiole et graissa les gonds de la porte. La porte s'ouvrit d'elle-même et il aperçut un antique château; il entra résolûment dans la cour.

Aussitôt des aboiements féroces retentirent, et un chien aussi haut qu'un baudet, avec des yeux comme des cholettes, vint droit à lui en montrant des crocs pareils aux dents d'une fourche. Désiré lui jeta le pain de gruau; le mâtin le happa, hagne! et laissa passer le jeune prince.

Au bout de vingt pas, celui-ci vit un four immense dont la gueule flamboyante ressemblait à la gueule de l'enfer; une boulangère d'une taille gigantesque se tenait penchée sur le four. Désiré s'approcha d'elle et lui remit son balai; la boulangère le prit sans dire mot.

Enfin, il alla au puits, en tira la corde à moitié pourrie et l'étendit au soleil. Après quoi il tourna le château et pénétra dans le bosquet d'orangers. Il y cueillit les trois plus belles oranges et se hâta de regagner la porte.

A ce moment, le soleil s'obscurcit, la terre trembla, et Désiré d'Amour entendit une voix qui criait :

— Boulangère, boulangère, prends-le par les pieds et jette-le dans le four !

— Non, répondit la boulangère. Il y a si longtemps que je nettoie ce four avec ma chair ! Cruelle, tu ne m'as jamais donné un balai. Celui-ci m'en a donné un. Qu'il aille en paix !

— Corde, ô corde ! cria de nouveau la voix, enroule-toi autour de son cou et étrangle-le !

— Non, répondit la corde. Il y a tant d'années que tu me laisses pourrir par l'humidité ! Celui-ci m'a étendue au soleil. Qu'il aille en paix !

Et la voix reprit de plus en plus furieuse :

— O chien, mon bon chien, saute-lui à la gorge et dévore-le !

— Non, répondit le chien ; depuis si longtemps que je te sers, tu me laisses sans pain. Celui-ci m'a rassasié. Qu'il aille en paix !

— Porte de fer, porte de fer, cria la voix grondant comme le tonnerre, retombe sur lui et écrase-le !

— Non, répondit la porte. Il y a plus de cent ans que tu me laisses ronger par la rouille, et celui-ci m'a graissée. Qu'il aille en paix !

VI

Une fois dehors, le jeune aventurier enferma ses oranges dans le sac qui pendait à l'arçon de sa selle, remonta à cheval et sortit rapidement de la forêt.

Comme il avait la plus grande envie de voir les princesses, il lui tardait de rencontrer une fontaine ou une rivière, mais il avait beau avancer, il ne découvrait ni rivière ni fontaine. Et cependant le cœur lui sautait d'aise en songeant que le plus fort était fait et que le reste irait de soi.

Vers midi il entra dans une plaine aride que brûlait un soleil de feu. Il fut pris d'une soif dévorante; il chercha sa gourde et l'approcha de ses lèvres.

Hélas! sa gourde était vide; tout entier à sa joie, il avait oublié de la remplir. Il continua de chevaucher, luttant contre la souffrance, mais enfin il n'y put tenir davantage.

Il se laissa couler à terre et se coucha près de son cheval, la gorge desséchée, la poitrine haletante et le cerveau bourdonnant. Déjà il sentait venir la mort, quand ses yeux blancs tombèrent sur le sac que bombaient les oranges.

Le pauvre Désiré d'Amour, qui avait affronté tant de périls pour posséder la dame de son rêve, aurait à ce moment donné toutes les princesses du monde, vermeilles ou dorées, en échange d'une goutte d'eau.

« Ah! se disait-il, si ces oranges étaient de vrais fruits, des fruits rafraîchissants comme ceux que j'ai mangés en Flandre!... Et qui sait, après tout?... »

Cette idée le ranima. Il eut la force de se soulever et de mettre la main dans son sac; il en tira une orange et l'ouvrit avec son couteau.

Soudain il en sortit la plus jolie femelle de serin qu'on pût voir.

— Donne-moi vite à boire! je meurs de soif! lui dit l'oiseau d'or.

— Attends, répondit Désiré, tellement surpris qu'il en oublia sa souffrance. Pour désaltérer l'oiseau, il prit une seconde orange et l'ouvrit sans réfléchir. Il en sortit une autre serine qui, elle aussi, s'écria :

— Je meurs de soif! donne-moi vite à boire!

Le fils de Panche-à-Brouette reconnut sa sottise et, pendant que les deux serines s'envolaient à tire d'aile, il se laissa choir sur la terre, où, épuisé par e dernier effort, il perdit connaissance.

VII

Il revint à lui sous une agréable impression de fraîcheur. Il faisait nuit, de grandes étoiles fleurissaient au ciel et la terre était couverte d'une abondante rosée.

Le voyageur, regaillardi, remonta à cheval, et bientôt, aux premières blancheurs du matin, il vit briller au loin un ruisseau, où il acheva de se désaltérer.

Il ne se sentait plus le courage d'ouvrir l'orange qui lui restait. Il s'avisa pourtant qu'il n'avait point obéi, la veille, aux recommandations du vieillard. Qui sait si cette soif irrésistible n'était pas un piége tendu par la rusée sorcière, et si, ouverte au bord de l'eau, la troisième orange ne lui donnerait pas la princesse qu'il cherchait?

Il prit son couteau et l'ouvrit. Hélas! il en sortit, comme des premières, une jolie petite serine qui lui dit :

— Donne-moi vite à boire! j'ai soif!

Grande fut la déconvenue du pauvre Désiré d'Amour. Il ne voulut pourtant pas laisser l'oiseau s'en voler comme les autres; il puisa vivement de l'ea dans le creux de sa main et la lui mit sous le bec.

A peine la serine eut-elle bu qu'elle se changea en une ravissante jeune fille à la taille mince et flexible, aux traits fins et réguliers, aux longs yeux noirs et à la peau dorée. Jamais Désiré n'avait rien vu d'aussi beau, et il resta devant elle comme en extase.

Elle-même parut d'abord éblouie. Elle promenait de tous côtés des yeux ravis, et le regard qu'elle arrêta sur son libérateur n'était nullement effrayé.

Il lui demanda son nom; elle lui répondit qu'elle s'appelait la princesse Zizi. Elle semblait âgée de seize ans, et il y en avait bien dix que la méchante sorcière la tenait, sous forme de serine, enfermée dans l'orange.

— Eh bien! ma charmante Zizi, fit le jeune prince, qui brûlait de l'épouser, dépêchons-nous de monter à cheval pour échapper à la méchante sorcière.

Zizi voulut savoir où il la conduisait.

— Au château de mon père, répondit-il.

Il enfourcha son bidet, la prit devant lui et, la tenant délicatement entre ses bras, il se remit en route.

VIII

Tout ce que voyait la princesse était nouveau pour elle et, en traversant les montagnes, les vallées, les bourgs et les villages, elle faisait mille questions qui témoignaient d'une âme simple et naïve. Désiré d'Amour goûtait à lui répondre un charme infini. Il est si doux d'instruire ce que l'on aime!

Comme la route était longue, elle s'appuyait légèrement contre lui pour se reposer, et le cœur de Désiré battait avec délices.

Une fois elle lui demanda comment étaient faites les jeunes filles de son pays.

— Elles sont blanches et roses, répondit-il, et elles ont les yeux bleus.

— Aimez-vous cette couleur? dit la princesse.

Désiré d'Amour jugea l'occasion bonne de savoir ce qui se passait dans le cœur de Zizi; il ne répondit rien.

— Et sans doute, reprit la princesse, l'une d'elles vous attend pour vous épouser?

Il garda le silence; Zizi alors se redressa.

— Non, dit-il enfin. Toutes les filles de mon pays me déplaisent, et c'est pourquoi j'en suis venu chercher une au pays du soleil. Ai-je eu tort, ma charmante Zizi?

Ce fut au tour de Zizi de se taire, mais le cheval ayant choppé contre une pierre, elle se laissa doucement aller vers Désiré d'Amour comme auparavant.

IX

En devisant ainsi, ils approchaient du château d'Avesnes. Quand ils en furent à quatre portées de fronde, ils mirent pied à terre dans la forêt, au bord d'une claire fontaine.

— Ma chère Zizi, dit le fils de Panche-à-Brouette, nous ne pouvons nous présenter au château de mon père comme deux bonnes gens qui viennent de la promenade. Il convient que nous y fassions une entrée digne de nous. Attendez-moi là et, avant une heure, je vous amène le cortége qui sied à votre rang.

— Ne soyez pas longtemps, répondit Zizi, et ce fut d'un œil triste qu'elle le regarda partir.

Restée seule, la pauvre fille eut peur. Pour la première fois de sa vie, elle se voyait abandonnée à l'air libre dans une grande forêt.

Tout à coup elle ouït un bruit de pas parmi les

arbres. Craignant que ce ne fût quelque loup, elle se cacha dans le creux d'un halo ou vieux saule étêté qui se penchait sur la fontaine. Elle y entra tout entière, ne passant que sa tête charmante, qui se réfléchissait dans le cristal de l'eau.

Alors parut, non pas un loup, mais une créature aussi laide et aussi méchante. Et voici ce qu'était cette créature.

Il y avait près de là, au hameau de la Roquette, une famille de briquetiers dont, quinze ans auparavant, le chef avait trouvé au bois une petite fille abandonnée par des Bohémiens. Il l'apporta à sa femme, qui en eut pitié et l'éleva avec ses fils.

La petite Bohémienne crût en force et en ruse beaucoup plus qu'en sagesse et en grâce. Elle avait le front plat, le nez épaté, la bouche grande, les lèvres épaisses, les cheveux rudes, et le teint non doré comme celui de Zizi, mais d'un jaune terreux.

Comme on se moquait toujours de sa couleur, elle était devenue aussi mauvaise et criarde qu'une mésange. A cause de cela et sans doute aussi de sa noire figure, on l'avait baptisée la Masinque, qui se dit chez nous pour la mésange.

Le briquetier l'envoyait souvent querir de l'eau à la fontaine et cette corvée humiliait la Bohémienne.

C'est elle qui, en arrivant sa cruche sur l'épaule, avait causé la frayeur de Zizi. Au moment où elle se penchait, elle aperçut dans l'eau la ravissante image de la princesse.

— La jolie figure! s'écria-t-elle. Mais, parbleu! c'est la mienne!... Qu'ont-ils donc tous à dire que je suis laide? Ah! décidément, je suis trop belle pour leur servir de porteuse d'eau!

Là-dessus, elle cassa sa cruche et s'en retourna.

— Et ta cruche? lui dit le briquetier.

— Ah! que voulez-vous? Tant va la cruche à l'eau...

— Qu'à la fin elle se casse. Eh bien! voici un seau qui ne se cassera point.

La Bohémienne retourna à la fontaine et, avisant encore l'image de Zizi :

— Non, dit-elle, je ne ferai pas plus longtemps ce métier de bourriquet!

Et elle lança le seau par dessus son épaule, si fort et si haut, qu'il s'accrocha aux branches d'un chêne.

En la voyant revenir une seconde fois les mains vides, le briquetier lui demanda ce qu'elle avait fait du seau.

— J'ai rencontré un loup, dit-elle, et je le lui ai cassé sur le museau.

Le briquetier, sans l'interroger davantage, démancha un balai et lui administra une volée de coups qui rabattirent un peu son orgueil.

Il prit alors une vieille cane ou cruche à lait en cuivre, et il la lui donna en disant :

— Rapporte-la pleine, sinon, gare à tes os ; j'achèverai de te les rompre !

XI

La Masinque s'en fut en se frottant les reins.

Cette fois, elle n'osa désobéir, et elle se pencha en maugréant sur la fontaine.

Il n'était pas commode de puiser de l'eau avec la cane ; son ventre rebondi refusait de s'enfoncer, et la Bohémienne dut s'y reprendre à plusieurs fois.

Elle s'y fatigua tellement le bras que, quand la cruche fut presque tout entière sous l'eau, elle n'eut plus la force de l'en tirer et la laissa couler à fond.

En voyant la cane disparaître, elle fit une si piteuse mine que Zizi, qui avait suivi de l'œil son manége, partit d'un grand éclat de rire.

La Masinque leva les yeux et reconnut l'erreur

dont elle avait été la dupe; elle en eut un tel dépit qu'elle voulut se venger sur-le-champ.

— Qu'est-ce que vous faites donc là, la belle fille? dit-elle à Zizi.

— J'attends mon fiancé, répondit celle-ci et, avec une naïveté bien pardonnable à une garcette qui, naguère encore, n'était qu'une charmante petite serine, elle raconta toute son histoire.

La Bohémienne avait souvent vu passer le jeune prince lorsque, le fusil en bandoulière, il allait bayer aux corneilles. Elle était trop laide et trop déloquetée pour qu'il l'eût jamais remarquée; mais elle, de son côté, l'avait trouvé bien fait, quoique un peu maigrelot.

« Tiens! tiens! se dit-elle, il aime les femmes jaunes... Mais, moi aussi, je suis jaune et, si je pouvais par un moyen... »

Le moyen ne fut pas long à imaginer.

— Comment! fit la rusée Masinque, on va venir vous quérir en grand'pompe, et vous ne craignez point de vous montrer, coiffée comme vous l'êtes, devant tant de beaux seigneurs et de belles dames! Vite, descendez, ma pauvre enfant, que j'arrange vos cheveux!

Et l'innocente Zizi descendit auprès de la Masinque. Celle-ci commença de peigner ses longs cheveux bruns, puis tout à coup elle prit une épingle à son corset et, de même que les mésanges enfoncent leur bec dans la tête des linottes et des fauvettes, la Masinque enfonça son épingle dans la tête de Zizi.

Zizi ne se sentit pas plutôt piquée, qu'elle revint à sa forme d'oiseau d'or et s'envola à tire-d'aile.

—Excellente affaire! dit la Bohémienne. Le prince sera malin s'il retrouve sa belle!

Et, arrangeant sa robe, elle s'assit tranquillement sur le gazon pour attendre Désiré d'Amour.

XII

Cependant le prince accourait de toute la vitesse de son petit cheval blanc. Dans son impatience, il devançait de cinquante pas les dames et les seigneurs que le roi Panche-à-Brouette envoyait au-devant de Zizi.

A la vue de l'affreuse Bohémienne, il resta muet de surprise et d'horreur.

— Hélas! dit la Masinque, vous ne reconnaissez pas la pauvre Zizi? La méchante sorcière est venue en votre absence, et voilà comme elle m'a métamorphosée! Je ne reprendrai ma beauté que si vous avez le courage de m'épouser tout de même.

Et elle se mit à pleurer à chaudes larmes. Le bon Désiré était aussi crédule qu'aventureux.

« Pauvre fille, se dit-il. Si elle est devenue si laide, ce n'est pas sa faute, c'est la mienne. Que n'ai-je suivi le conseil du vieillard ? Pourquoi l'ai-je laissée seule ? Il dépend d'ailleurs de moi que l'enchantement soit rompu, et je l'aime trop pour souffrir qu'elle reste en cet état. »

Et il présenta la Bohémienne aux seigneurs de sa suite, en leur contant l'affreux malheur qui venait d'arriver à sa belle fiancée.

Ceux-ci firent semblant de le croire, et les dames se mirent en devoir de parer la fausse princesse des riches habits qu'on avait apportés pour Zizi. On la jucha ensuite sur une superbe haquenée, et le cortége prit la route du château.

Hélas! ces ornements ne pouvaient que rehausser la laideur de la Masinque, et ce fut l'âme navrée et la rougeur au front que Désiré d'Amour fit avec elle son entrée triomphale dans la bonne ville d'Avesnes.

La cloche du beffroi sonnait à toute volée, le carillon chantait dans les airs, les habitants se pressaient sur le pas de leurs portes et ils regardaient sans en croire leurs yeux la singulière épousée.

Pour lui faire plus d'honneur, le sire Panche-à-Brouette vint à sa rencontre jusqu'au bas du grand escalier de marbre. A l'aspect de l'horrible créature, il pensa choir à la renverse.

— Quoi! c'est là, s'écria-t il, cette merveilleuse fiancée !

—Oui, mon père, c'est elle, répondit Désiré d'un air penaud, mais une méchante sorcière l'a métamorphosée, et elle ne reprendra sa beauté que quand elle sera ma femme.

— C'est elle qui le dit? Eh bien! crois cela et bois de l'eau claire, tu feras du lard, répliqua avec humeur le désolé Panche-à-Brouette.

Comme il adorait son fils, il n'en offrit pas moins la main à la Bohémienne et la conduisit dans la salle à manger, où était servi le festin des fiançailles.

XIII

Le festin était exquis, mais Désiré d'Amour ne toucha aux mets que du bout des dents. Les autres convives mangeaient à ventre déboutonné pour se donner une contenance; Panche-à-Brouette, à qui rien ne cassait l'appétit, brillait surtout par son magnifique coup de fourchette.

Quand vint le moment de servir l'oie, ou, pour mieux dire, l'oson rôti, il y eut un temps d'arrêt. Le compère de Cambrinus en profita pour respirer; mais bientôt, comme le rôti tardait à paraître, il envoya son écuyer tranchant voir ce qui se passait à la cuisine.

Or, voici ce qui se passait :

Tandis que l'oson tournait à la broche, une mignonne serine s'était abattue sur le bord de la fenêtre ouverte.

— Bonjour, beau cuisinier, dit-elle d'une voix flûtée au maître-queux qui surveillait le rôt.

— Bonjour, bel oiseau d'or, répondit le chef des marmitons, qui était un homme bien élevé.

— Je prie le ciel qu'il t'endorme, reprit l'oiseau d'or, et que l'oson brûle, afin qu'il n'y en ait point pour le bec de la Masinque.

Et de fait le maître-queux s'endormit, et l'oson devint noir comme du charbon.

Quand il se réveilla, il fut tout saisi et donna aussitôt l'ordre de plumer un autre oson, de le bourrer de marrons et de le mettre à la broche.

Pendant que celui-ci se dorait au feu, Panche-à-Brouette demanda une seconde fois son rôti. Le chef de cuisine monta lui-même à la salle à manger pour s'excuser et faire prendre patience à son seigneur, qui prit patience en pestant contre son fils.

« Il ne suffit point, disait-il entre ses dents, que le gaillard se coiffe d'une guenon sans le sou, il faut encore que l'oson brûle ! Ce n'est pas une femme qu'il m'a ramenée là, c'est la famine en personne ! »

XIV

Or, en l'absence du maître-queux, l'oiseau d'or vint de nouveau se percher sur l'appui de la fenêtre et, de sa petite voix clairette, dit au premier marmiton, qui surveillait le rôt :

— Bonjour, beau marmiton.

— Bonjour, bel oiseau d'or, répondit le marmiton, qu'en son trouble le chef avait oublié de prévenir.

— Je prie le ciel, ajouta la serine, qu'il t'endorme, et que l'oson brûle, afin qu'il n'y en ait point pour le bec de la Masinque.

Et le marmiton s'endormit et, à son retour, le maître-queux trouva l'oson noir comme le cœur de la cheminée.

Furieux, il réveilla son marmiton, qui lui conta l'affaire pour s'excuser.

— Maudit oiseau ! dit celui-ci, il finira par me faire congédier. Allons, vous autres, cachez-vous. S'il revient, attrapez-le-moi et tordez-lui le cou.

Il embrocha un troisième oson, alluma un feu d'enfer, et s'installa auprès.

L'oiseau reparut et lui dit :

— Bonjour, beau cuisinier.

— Bonjour, bel oiseau d'or, répondit le chef comme si de rien n'était et, au moment où la serine recommençait à dire : « Je prie le ciel qu'il t'endorme... » un marmiton, qui se tenait caché au-dehors, ferma tout à coup les volets ; l'oiseau s'envola par la cuisine.

Aussitôt tous les cuisiniers, marmitons, gâte-sauce de le poursuivre à coups de tablier. L'un d'eux l'attrapa juste au moment où, suivi de sa cour, le sire Panche-à-Brouette entrait dans la cuisine en brandissant son sceptre ; il venait voir par lui-même pourquoi l'oson n'arrivait pas.

Le marmiton, qui allait tordre le cou à la serine, s'arrêta soudain.

XV

— Me dira-t-on enfin ce que cela signifie ? s'écria le sire d'Avesnes.

— Monseigneur, c'est l'oiseau ! fit le marmiton.
Et il le lui mit dans la main.

— Peste ! le bel oiseau ! dit Panche-à-Brouette, et, en le caressant, il sentit une épingle qui s'était glissée entre ses plumes. Il la retira, et crac ! la serine se changea en une jolie fille au teint doré, qui sauta lestement à terre.

— Malepeste! la jolie fille! s'écria Panche-à-Brouette.

— Mais c'est elle, mon père, c'est Zizi! fit Désiré d'Amour qui entrait en ce moment.

Et il la prit et la serra dans ses bras en disant :

— Ma chère Zizi, que je suis aise de te revoir!

— Eh bien! et l'autre? demanda le seigneur.

L'autre cherchait à gagner la porte.

— Arrêtez-la! cria Panche-à-Brouette. Nous allons la juger séance tenante.

Il s'assit gravement sur le fourneau et, du haut de ce trône, il condamna la Masinque à être brûlée vive. Après quoi, les seigneurs et les marmitons formèrent la haie, et Panche-à-Brouette unit Désiré à Zizi.

XVI

Le mariage eut lieu quelques jours après. Tous les garçonnets d'Avesnes y assistèrent, armés de sabres de bois et décorés d'épaulettes de papier doré, comme à la Saint-Grégoire, et ils chantèrent par les rues :

On n'a jamais vu
Saint Grégoire, saint Grégoire,

On n'a jamais vu
Saint Grégoir' si résolu !

Zizi obtint la grâce de la Masinque, qui s'en retourna à la briqueterie, poursuivie par toute la bande. C'est pour cela et non pas, comme on le dit, parce qu'elles ont vendu le bon Dieu, que la garçonnale de chez nous poursuit encore aujourd'hui les mésanges à coups de pierre.

Le soir des noces, tous les garde-manger, toutes les huches, les celliers, les caves et les tables des bourgeois, riches ou pauvres, se trouvèrent garnis par enchantement de pain, de vin, de bière, de gâteaux, de tartes et même d'osons, d'ortolans et d'alouettes rôtis. Ce qui fait que Panche-à-Brouette ne se plaignit plus que son fils eût épousé la famine.

L'abondance ne cessa dès lors de régner dans la contrée, et c'est aussi depuis lors qu'en Flandre, pays des femmes rouvelèmes, on voit de belles filles au teint doré, aux cheveux bruns et aux yeux noirs.

Les gens d'Avesnes ont perdu la mémoire de ces événements, mais il n'y a pas encore longtemps que les pansus de Valenciennes enterraient le carnaval en faisant, sur le Pont-du-Grand-Dieu, un feu de joie avec le ventre de Panche-à-Brouette, compère du roi Cambrinus et patron des francs mangeurs.

LE GRAND-CHOLEUR

I

u temps jadis, il y avait au hameau du Coq, près Condé-sur-l'Escaut, un carlier ou charron du nom de Roger. C'était un bon compagnon, dur au plaisir comme à la peine, et aussi adroit pour enlever une cholette d'un coup de crosse que pour assembler une roue de charrette.

Chacun sait que le jeu de crosse consiste à lancer contre un but une cholette, ou boule de cornouiller, avec un bâton ayant pour crossillon une sorte de petit sabot en fer sans talon.

Je ne connais point, pour ma part, de jeu plus amusant ; aussi, quand la campagne est à peu près dépouillée de ses avêties, hommes, femmes, enfants, tout le monde chole ou crosse, comme vous voudrez ; et rien n'est si gai que de les voir, le dimanche, filer ainsi que des volées de sansonnets, à travers les champs de navets et les terres labourées.

II

Donc, par un mardi, qui était un mardi-gras, le carlier du Coq laissa reposer sa plane, et il passait sa blouse pour aller boire sa canette de bière à Condé, quand deux inconnus entrèrent chez lui, la crosse à la main.

— Voudriez-vous remettre un fût à ma crosse, notre maître ? lui dit l'un d'eux.

— Qu'est-ce que vous me demandez là, mes amis ? Un jour comme aujourd'hui ! Je ne donnerais mie un coup de ciseau pour une brique d'or. D'ailleurs, est-ce qu'on chole le mardi-gras ? Vous feriez bien mieux d'aller voir sabouler les masques sur la grand'place de Condé.

— Nous ne trouvons rien de curieux à voir sabouler les masques, répondit l'inconnu. Nous nous sommes défiés à la crosse, et nous voudrions finir la partie. Venez-nous donc en aide, vous qui êtes, dit-on, un des fins choleurs du pays.

— S'il s'agit d'une partie d'attaque, c'est différent, fit Roger.

Il retroussa ses manches, agrafa son tablier et, en un tour de main, il eut ajusté le fût.

— Combien vous dois-je? demanda l'inconnu en tirant sa bourse.

— Rien du tout, fieu; cela n'en vaut point la peine.

L'étranger insista, mais en vain.

III

— Tu as trop d'honnêteté, fieu de Dieu, dit-il alors au carlier, pour qu'on soit en reste avec toi. Je t'accorde l'accomplissement de trois vœux.

—N'oublie pas de souhaiter ce qu'il y a de mieux, ajouta son compagnon.

A ces mots le carlier sourit d'un air incrédule.

— Est-ce que vous ne seriez point des wiseux de la Capelette? demanda-t-il en clignant de l'œil.

Les wiseux, autrement dit les oiseux, du carrefour de la Capelette, étaient regardés comme les plus grands farceurs de Condé.

— Pour qui nous prends-tu? répondit l'inconnu d'un ton sévère, et de sa crosse il toucha un essieu de fer qui, incontinent, se changea en un essieu d'argent pur.

— Qui êtes-vous donc? s'écria Roger, pour que votre parole soit ainsi de l'argent en barre?

— Je suis saint Pierre et mon compagnon est saint Antone, le patron des crosseurs.

— Donnez-vous la peine d'entrer, messieurs, dit vivement le carlier du Coq; et il fit passer les deux saints dans la chambre du fond. Il leur offrit des chaises et alla saquer un pot de bière à la cave. On trinqua et, après que chacun eut allumé sa pipe :

— Puisque vous êtes si bons, messieurs les saints, dit Roger, que de m'accorder l'accomplissement de trois vœux, vous saurez que depuis longtemps je désire trois choses. Je voudrais d'abord que quiconque s'assiéra sur le tronc d'orme qui est à ma porte, ne puisse se lever sans ma permission. J'aime la compagnie, et il m'ennuie d'être toujours seul.

Saint Pierre secoua la tête et saint Antone donna un coup de coude à son client.

IV

— Quand je fais une partie de cartes, le dimanche soir, au cabaret du Coq-Hardi, continua le carlier, il n'est pas plus tôt neuf heures, que le garde champêtre vient sommer les buveurs de décamper. Je désire que quiconque aura les pieds sur mon tablier de cuir, ne puisse être chassé de l'endroit où je l'aurai étendu.

Saint Pierre secoua de nouveau la tête, et saint Antone répéta d'un air grave :

— N'oublie pas ce qu'il y a de mieux.

— Ce qu'il y a de mieux, reprit le carlier du Coq, c'est d'être le premier choleur du monde. Chaque fois que j'ai trouvé mon maître, je me suis fait du sang noir comme le cœur de la cheminée. Je voudrais donc posséder une crosse qui enlevât la cholette aussi haut que le clocher de Condé, et qui me gagnât immanquablement la partie.

— Ainsi soit-il! répondit saint Pierre.

— Tu aurais mieux fait, dit saint Antone, de demander le salut éternel.

— Bah! répondit l'autre, j'ai bien le temps d'y songer; on n'est pas encore là de graisser ses bottes pour le grand voyage.

Les deux saints sortirent et Roger les suivit, curieux d'assister à une partie si rare ; mais tout à coup, près de la chapelle de Saint-Antone, ils disparurent à ses yeux. Le carlier alors s'en alla voir sabouler les masques sur la grand'place de Condé.

Quand il rentra, vers minuit, il trouva dans l'encoignure de sa porte la crosse demandée. A sa vive surprise, ce n'était qu'un mauvais petit fer emmanché d'un méchant fût tout usé. Il prit pourtant le don de saint Pierre et le serra soigneusement.

V

Le lendemain, les Condéens se répandirent en foule dans la campagne pour choler, manger des saurets et boire de la bière, afin d'évaporer les fumées de la tête et de se dégourdir des fatigues du carnaval.

Le carlier du Coq vint aussi avec sa piteuse crosse et tapa de si beaux coups, que tous les joueurs quittèrent leurs parties pour le regarder faire. Le dimanche suivant, il se montra encore plus habile ; peu à peu, le bruit s'en répandit dans le pays. De dix lieues à la ronde les joueurs les plus adroits accoururent se faire battre par lui, et c'est alors qu'on l'appela le Grand-Choleur.

Il passait toute la journée du dimanche à crosser, et le soir il se reposait en jouant une partie de mariage au Coq-Hardi. Il étendait son tablier sous les pieds des joueurs, et le diable lui-même n'aurait pu les mettre hors du cabaret.

Le lundi matin, il arrêtait les pèlerins qui allaient servir Notre-Dame de Bon-Secours ; il les engageait à se reposer sur sa caquetoire et ne les lâchait qu'après les avoir bien confessés.

Bref, il menait la vie la plus douce que puisse rêver un bon Flamand, et ne regrettait qu'une chose, c'est de n'avoir pu souhaiter qu'elle durât toujours.

VI

Or, il arriva qu'un matin le plus fort choleur de Mons, qu'on appelait Paternostre, fut trouvé mort sur l'hurée ou crête d'un fossé. Il avait la tête fracassée et près de lui était sa crosse, rouge de sang. On ne put savoir d'où il avait eu son estafe, et, comme Paternostre répétait souvent qu'au jeu de la cholette il ne craignait ni dieu ni diable, on imagina de dire qu'il avait défié mynheer van Belzébuth et que, pour l'en punir, celui-ci l'avait assommé.

Mynheer van Belzébuth est, personne ne l'ignore, le plus grand joueur qu'il y ait sur et sous terre, mais il affectionne particulièrement le jeu de crosse. Quand il fait sa tournée en Flandre, on le rencontre presque toujours la crosse à la main, comme un vrai Flamand.

Le carlier du Coq aimait fort Paternostre qui, après lui, était la meilleure cholette du pays. Il se rendit à son enterrement avec quelques crosseurs des hameaux du Coq, de la Cigogne et de la Queue de l'Agache.

Au retour du cimetière, on entra à l'estaminet pour boire, comme on dit chez nous, la cervelle du mort, et on s'y oublia à causer du noble jeu de crosse. Quand on se sépara au brun soir :

— Bon voyage ! dirent les crosseurs belges, et surtout que saint Antone, patron des choleurs, vous garde de rencontrer le diable en route !

— Je me moque du diable ! répondit Roger. S'il m'attaquait, je l'aurais bientôt décholé !

Les compagnons revinrent d'estaminet en estaminet, sans malencontre, mais depuis longtemps la cloche des loups avait sonné la retraite au beffroi de Condé, quand ils rentrèrent chacun à sa chacunière.

VII

En mettant la clef dans la serrure, le carlier du Coq crut ouïr derrière son dos un éclat de rire moqueur.

Il se retourna et entrevit dans l'obscurité un homme haut de six pieds qui de nouveau s'éclaffa de rire.

— De quoi riez-vous ? lui dit-il avec humeur.

— De quoi ? Eh mais, de l'aplomb avec lequel tu t'es vanté tout à l'heure que tu oserais bretter contre le diable.

— Pourquoi pas, s'il m'attaquait ?

— Eh bien ! mon maître, apprête tes cholettes. Je t'attaque ! dit mynheer van Belzébuth, car c'était lui-même. Roger le reconnut à certaine odeur de soufre que le sire traîne toujours après lui.

— Quel sera l'enjeu ? fit-il résolûment.

— Ton âme ?

— Contre quoi ?

— Ce qu'il te plaira.

Le carlier réfléchit.

— Qu'est-ce que tu as là dans ton sac ?

— Mon butin de la semaine.

— L'âme de Paternostre en est-elle ?

— Parbleu ! et celles de cinq autres crosseurs morts comme lui sans confession.

— Je te joue mon âme contre celle de Paternostre.

— Tope !

VIII

Les deux adversaires se rendirent dans le champ voisin, et on choisit pour but l'huis du cimetière de Condé.

Belzébuth campa une cholette sur une waroque, ou motte gelée, après quoi il dit, selon l'usage :

— En delà, comme la voilà, en combien de fois trois coups y allez-vous ?

— En deux fois, répondit le Grand-Choleur.

Et son adversaire n'en fut pas peu surpris, car de là au cimetière il y avait près d'un quart de lieue.

— Mais comment verrons-nous la cholette ? reprit le carlier.

— C'est vrai ! fit Belzébuth.

Il toucha la boule de sa crosse et elle brilla tout à coup dans l'obscurité, pareille à un énorme ver luisant.

— Gare tape ! cria Roger.

Il prit la cholette avec le pic du crossillon et elle

monta au ciel comme une étoile qui irait rejoindre ses sœurs. En trois coups elle franchit les trois quarts de la distance.

— C'est très bien! dit Belzébuth, dont l'étonnement redoublait. A mon tour de décholer !

D'un coup du plat, il relança la boule par-dessus les toits du Coq, près de la Maison-Blanche, à une demi-lieue de là.

Le coup fut si violent que le fer cracha feu contre un caillou.

— Bon saint Antone ! je suis perdu, si vous ne venez à mon aide, murmura le carlier du Coq.

Il frappa en tremblant ; mais, bien que le bras fût mal assuré, la crosse semblait avoir acquis une vigueur nouvelle. Au deuxième coup, la cholette alla, comme d'elle-même, toquer la porte du cimetière.

— Par les cornes de mon grand-père ! s'écria Belzébuth, il ne sera pas dit que j'aurai été battu par un fils de ce benêt d'Adam. Donne-moi ma revanche.

— Que jouerons-nous ?

— Ton âme et celle de Paternostre contre deux âmes de crosseurs.

IX

Le diable se défendit avec furie; sa crosse éclatait à chaque coup en gerbes d'étincelles. La boule volait de Condé à Bon-Secours, à Péruwelz, à Leuze. Une fois elle fila jusqu'à Tournai, à six lieues de là.

Elle laissait derrière elle une traînée lumineuse, comme une comète, et les deux choleurs la suivaient, pour ainsi dire, à la piste. Roger n'a jamais pu comprendre comment il courait, ou plutôt volait si vite et sans se fatiguer.

Bref, il ne perdit pas une seule partie et gagna les âmes des six crosseurs défunts. Belzébuth reboulait des yeux de matou en colère.

— Continuons-nous ? dit le carlier du Coq.

— Non, répondit l'autre; on m'attend au sabbat, sur le mont de Copiémont. Ce brigand-là, ajouta-t-il à part lui, serait capable de m'extorquer tout mon gibier.

Et il disparut.

Rentré chez lui, le Grand-Choleur enferma ses âmes dans un sac et se coucha, enchanté d'avoir battu mynheer van Belzébuth.

X

Deux ans après, le carlier du Coq eut une visite à laquelle il ne s'attendait guère. Un vieux homme long, maigre et jaune, entra dans l'atelier, portant une faux sur son épaule.

— Vous m'apportez votre faux à remmancher, notre maître ?

— Non, fieu, ma faux ne se démanche jamais.

— Alors qu'y a-t-il pour votre service ?

— Il y a qu'il faut me suivre : ton heure est venue.

— Diable ! fit le Grand-Choleur. Est-ce que vous ne pourriez mie attendre un brin que j'aie fini cette roue ?

— Soit ! J'ai fait aujourd'hui une rude besogne, et j'ai bien gagné de fumer une pipe.

— En ce cas, notre maître, asseyez-vous là, sur la caquetoire. J'ai à votre service du fameux tabac belge à sept patards la livre.

— C'est bon, fieu ; dépêche-toi.

Et la Mort alluma sa boraine et s'assit à la porte sur le tronc d'orme.

Tout en riant dans sa barbe, le carlier du Coq se

remit à l'ouvrage. Au bout d'un quart d'heure, la Mort lui cria :

— Hé ! fieu, as-tu bientôt fini ?

Le carlier fit la sourde oreille et continua de planer en chantant :

— Attendez-moi sur l'orme,
Vous m'attendrez longtemps.

— Je crois qu'il ne m'entend pas, dit la Mort. Hé, l'ami, es-tu prêt ?

— Va-t'en voir s'ils viennent, Jean,
Va-t'en voir s'ils viennent,

répondit le chanteur.

« Est-ce que l'animal se moquerait de moi ? » se dit la Mort.

Et il voulut se lever.

A son grand étonnement, il ne put se détacher de la caquetoire. Il comprit alors qu'il était le jouet d'une puissance supérieure.

— Voyons, dit-il à Roger, que veux-tu pour que tu consentes à me délivrer ? Veux-tu que je prolonge ta vie de dix ans ?

— J'ai du bon tabac dans ma tabatière,

chantait le Grand-Choleur.

— Veux-tu vingt ans ?

— Il pleut, il pleut, bergère,
Rentre tes blancs moutons.

— En veux-tu cinquante, carlier que Lucifer confonde ?

Le carlier du Coq entonna à pleins poumons :

— Bon voyage, cher Dumollet,
A Saint-Malo débarquez sans naufrage.

Cependant, quatre heures venaient de sonner à l'horloge de Condé, et la garçonnale sortait de l'école. La vue de ce grand sec héron qui se débattait sur la caquetoire, comme un diable dans un bénitier, les surprit et bientôt les mit en joie. Ne se doutant pas qu'assise à la porte des vieux, la Mort guette les jeunes, ils trouvèrent plaisant de lui tirer la langue en répétant en chœur :

— Bon voyage, cher Dumollet,
A Saint-Malo débarquez sans naufrage.

— Veux-tu cent ans ? hurla la Mort.

— Hein ? Quoi ? Comment ? ne parlez-vous pas de m'accorder une prolongation de cent ans ? J'accepte de grand cœur, notre maître, mais entendons-nous : Je ne suis mie si bête que de demander qu'on allonge ma vieillesse.

— Que veux-tu donc ?

— De la vieillesse je réclame seulement l'expérience qu'elle donne petit à petit.

Si jeunesse savait, si vieillesse pouvait !

dit le proverbe. Je veux durant cent ans conserver la force du jeune homme et acquérir la science du vieillard.

— Soit ! fit la Mort. Je reviendrai dans un siècle à pareil jour.

— Prenez donc la peine de vous lever, notre maître, dit Roger en souriant d'un air goguenard.

Compère la Mort ne se le fit pas dire deux fois : honteux comme le chien d'un aveugle, il se leva et s'éloigna la faux sur l'épaule, sous l'escorte des petits polissons qui chantaient à tue-tête :

Bon voyage, cher Dumollet,
A Saint-Malo débarquez sans naufrage.

XI

Le Grand-Choleur recommença une nouvelle vie. Il jouit d'abord d'un bonheur parfait, qu'augmentait encore la certitude de ne point le voir finir avant un siècle. Grâce à son expérience, il sut si bien gouverner ses affaires, qu'il put laisser là son maillet et vivre à porte close.

Il éprouva cependant une contrariété qu'il n'avait point prévue. Sa prodigieuse habileté au jeu de crosse finit par effrayer les joueurs, qu'elle avait ravis d'abord, et fut cause qu'il ne trouva plus personne qui voulût choler contre lui.

Il quitta donc le canton et se mit à parcourir la Flandre française, la Belgique et tous les pays où le noble jeu de crosse est en honneur.

Au bout de vingt ans, il revint au Coq se faire admirer d'une nouvelle génération de crosseurs, puis il repartit pour revenir vingt ans plus tard.

Hélas! malgré son charme apparent, cette existence ne tarda pas à lui être à charge. Outre qu'il s'ennuya de gagner à tout coup, il se lassa de passer, comme le Juif-Errant, à travers les générations et de voir mourir successivement les fils, les petits-fils et les arrière-petits-fils de ses amis.

Il en était réduit à nouer sans cesse de nouvelles amitiés que devaient dénouer l'âge ou la mort de ses semblables ; tout changeait autour de lui, lui seul ne changeait point.

Il s'impatientait de cette éternelle jeunesse, qui le condamnait à goûter toujours les mêmes plaisirs, et il désirait parfois de connaître les jouissances plus calmes de la vieillesse.

Un jour il se surprit devant son miroir à regarder si ses cheveux ne blanchissaient pas : rien ne lui semblait beau maintenant comme la neige au front des vieillards.

XII

Ajoutez à cela que l'expérience le rendit bientôt si sage, si sage, qu'il ne s'amusa plus du tout. Si parfois, au cabaret, il lui prenait fantaisie d'utiliser son tablier pour passer la nuit à jouer aux cartes : « A quoi bon cet excès ? lui soufflait l'expérience ; il ne suffit pas de ne pouvoir abréger ses jours, encore faut-il éviter de se rendre malade ! »

Il en vint à ce point de se refuser le bonheur de boire sa pinte et de fumer sa boraine. Pourquoi, en effet, se plonger dans des voluptés qui énervent le corps et alourdissent l'esprit ?

Le malheureux alla plus loin et renonça à choler. L'expérience le convainquit que le jeu de crosse est un jeu dangereux, où l'on s'échauffe outre mesure, et qui est éminemment propre à engendrer les rhumes, catarrhes, rhumatismes et fluxions de poitrine.

D'ailleurs, à quoi cela sert-il et quelle gloire si belle y a-t-il à être réputé pour le premier choleur du monde ?

A quoi sert la gloire elle-même, et n'est-ce pas une fumée aussi vaine que la fumée de la pipe ?

Quand l'expérience lui eut ainsi ôté une à une toutes ses illusions, l'infortuné crosseur s'ennuya mortellement. Il reconnut alors qu'il s'était trompé, que l'illusion a son prix, et que le plus grand charme de la jeunesse est peut-être son inexpérience.

C'est ainsi qu'il atteignit le terme marqué par le contrat et, comme il n'avait pas eu le paradis ici-bas, il chercha dans la sagesse si durement acquise un moyen adroit de le conquérir là-haut.

XIII

La Mort le trouva au Coq, qui travaillait dans son atelier. L'expérience lui avait du moins appris que le travail est, après tout, le plaisir le plus durable.

— Es-tu prêt? lui dit la Mort.

— Je le suis.

Il prit sa crosse, mit une vingtaine de cholettes dans ses poches, jeta son sac sur son épaule et boucla ses guêtres, sans ôter son tablier.

— Qu'as-tu affaire de ta crosse?

— Eh! mais pour choler en paradis avec saint Antone, mon patron.

— Tu te figures donc que je vais te conduire au paradis?

— Il le faut bien, puisque je dois y porter une demi-douzaine d'âmes que j'ai sauvées jadis des griffes de Belzébuth.

— Tu aurais mieux fait de sauver la tienne. En route, cher Dumollet!

Le Grand-Choleur comprit que le vieux faucheur lui gardait rancune, et qu'il allait le conduire droit au paradis des noires glaines.

De fait, un quart d'heure après, les deux voyageurs heurtaient à la porte de l'enfer.

— Toc, toc.

— Qui est là ?

— Le carlier du Coq, dit le Grand-Choleur.

— N'ouvrez pas, cria Belzébuth ; ce coquin gagne à tous coups ; il est capable de dépeupler mon empire.

Roger souriait dans sa barbe.

— Oh ! tu n'es pas sauvé, fit la Mort ; je vas te mener où tu n'auras pas froid non plus.

En moins de temps qu'un pauvre n'aurait vidé un tronc, ils furent au purgatoire.

— Toc, toc.

— Qui est là ?

— Le carlier du Coq, dit le Grand-Choleur.

— Mais il est en état de péché mortel, cria l'ange de garde. Emmenez-moi d'ici ce paroissien-là.

— Je ne peux mie pourtant le laisser traîner entre le ciel et la terre, dit la Mort ; je vas le reconduire au Coq.

— Où l'on me prendra pour un revenant... Merci bien ! Est-ce qu'il ne reste pas le paradis ?

XIV

Ils y furent au bout d'une heurette.
— Toc, toc.
— Qui est là ?
— Le carlier du Coq, dit le Grand-Choleur.
— Ah ! mon garçon, fit saint Pierre en entre-bâillant la porte, j'en suis vraiment désolé. Saint Antone te l'avait bien dit, qu'il valait mieux demander le salut de ton âme.
— C'est vrai, monsieur saint Pierre, répondit Roger d'un air penaud. Et comment va-t-il, ce bienheureux saint Antone ? Est-ce que je ne pourrais pas entrer une petite minute, pour lui rendre la visite qu'il m'a faite jadis avec vous ?
— Le voici justement qui vient, dit saint Pierre, et il ouvrit la porte toute grande.
En un clin d'œil le rusé crosseur se précipita dans le paradis, dégrafa son tablier, le laissa choir à terre et s'assit dessus.
— Bonjour, monsieur saint Antone, dit-il avec un beau salut. Vous voyez bien que j'avais le temps de songer au paradis, puisque nous y voilà !
— Comment ! vous y voilà ! s'écria saint Pierre.
— Oui, moi et ma compagnie, répliqua Roger en

ouvrant son sac et en éparpillant sur le tapis les âmes des six crosseurs.

— Voulez-vous bien déguerpir tous !

— Impossible ! fit le Grand-Choleur en montrant son tablier.

— Le drôle s'est moqué de nous, dit saint Antone. Allons, saint Pierre, en mémoire de notre partie de crosse, laissez-le entrer avec ses âmes. Aussi bien il a fait son purgatoire sur terre.

— Ce n'est pas d'un très-bon exemple, murmura saint Pierre.

— Bah! répliqua Roger, quand il y aurait quelques fins choleurs dans le paradis, où serait le mal ?

XV

C'est ainsi qu'après avoir longtemps vécu, beaucoup cholé et vidé force canettes de bière, le carlier du Coq, dit le Grand-Choleur, fut admis dans le paradis; mais je ne conseille à personne de l'imiter, car ce n'est mie tout à fait le chemin qu'il faut prendre, et saint Pierre pourrait bien n'être point toujours d'aussi bonne composition.

CARACOL BISTÉCOL

I

u temps jadis, au temps où dans les forêts de la Flandre le lion belge vaguait en compagnie d'ours et de panthères, il y avait au village de Waudrez, près de Binche, un petit bossu qui était ramonier de son état; je veux dire qu'il fabriquait des balais ou ramons, dont il vivait pauvrement avec sa vieille mère.

On l'appelait Caracol, qui se dit chez nous pour colimaçon, et sans doute on l'avait ainsi baptisé afin que son nom répondît à sa personne.

Bossu et bancroche, il paraissait si drôlement viroulé, qu'on ne pouvait le regarder sans rire.

Sa tournure était, depuis son enfance, un perpétuel sujet de gausserie. Il n'avait pas six ans qu'une sorcière prédisait à sa mère qu'il épouserait une princesse, quand il aurait sa bosse sous le nez; et plus tard, lorsqu'il entrait à Binche, jamais il ne passait devant l'auberge de l'*Hurtebise*, sans que le farceur d'aubergiste lui chantât la chanson bien connue :

Caracol,
Bistécol,
Montre tes cornes,
Cornes.
Je te dirai où t'aras des riboches :
A Mons, à Tournay,
A Lille, à Douai,
Dans la ru' des Cats-à-Boches.

Caracol ne se fâchait nullement des brocards qui, toute la sainte journée, grêlaient sur sa bosse, et le plus souvent on l'entendait siffler lui-même l'air de la *Chanson du Caracol*. Et c'est pourquoi on lui trouvait le caractère beaucoup mieux fait que l'épine dorsale.

On n'en pouvait dire autant d'un autre bossu qui lui ressemblait en laid, et qui était sénéchal du baron de Binche. Il avait nom le sire de Malicorne; mais, par manière de moquerie, les daubeurs de l'endroit ne l'appelaient pas autrement que Bistécol.

En sa qualité d'homme d'épée, Bistécol supportait impatiemment la raillerie. Il n'ignorait pas qu'il devait son sobriquet à sa ressemblance avec Caracol, et il le détestait de toute son âme.

Sa haine en vint à ce point qu'un jour il résolut de faire disparaître le pauvre diable. Sous prétexte que la forêt était hantée par des bêtes féroces, il commanda d'y creuser à plomb des fosses larges et profondes, qu'on recouvrit ensuite de feuillage, afin d'y prendre les animaux.

On en creusa une en secret, durant la nuit, à l'endroit où d'habitude Caracol allait de grand matin querir du bouleau. Le sénéchal espérait qu'en arrivant entre chien et loup, le ramonier y tomberait et se casserait les reins.

Il voulut même s'assurer par ses yeux que ses ordres étaient fidèlement exécutés. Il se rendit donc bien avant la piquette du jour à l'endroit désigné.

Tout en rêvant au bonheur d'être débarrassé de son cauchemar, il s'avançait sans prendre garde, quand soudain, patatras! il donna dans la trappe. Il ne se fit de fortune aucun mal, mais il eut beau crier, personne n'accourut.

Au bout de quelques instants, il ouït du bruit au-dessus de sa tête, et un lièvre chut à côté de lui; peu après il ouït un nouveau bruit, et un ours, puis un lion vinrent lui tenir compagnie.

Je vous laisse à penser si, dans cette société,

Bistécol était à son aise. Il se sentait mourir de peur, quand il entendit siffler l'air du *Caracol.*

Il reconnut le ramonier à sa chanson favorite et, bien qu'humilié de devoir la vie à celui dont il machinait la mort, il renouvela ses cris de détresse.

— Qui est là ? demanda Caracol en s'approchant.

— Moi, le grand sénéchal ! répondit Bistécol. Jette-moi une corde, que je sorte de ce maudit trou !

— Je n'en ai point ici d'assez longue, répondit Caracol; mais ayez patience, monseigneur, je vas en querir une au village.

— Dépêche-toi ; la fosse est pleine de bêtes féroces, et c'est miracle que je vive encore.

II

Le ramonier courut bien vite à sa maison, qui était la dernière du village et qui touchait à la forêt. Il détacha la corde de son puits, y fit un nœud coulant et revint dare dare la lancer dans le trou. En la retirant, il sentit qu'elle avait à l'autre bout un poids énorme.

— Vous êtes joliment lourd, monseigneur ! cria-t-il à Bistécol.

— Ce n'est pas moi qui remonte, répondit celui-ci, c'est un lion.

— Un lion! mâtin! fit Caracol.

Et il laissa retomber la corde.

— Que fais-tu? lui cria Bistécol.

— Ce n'est pas le lion, c'est vous, répondit Caracol, que je dois remonter. Prenez la corde, sinon...

— Je ne puis. Le lion ne me céderait point la place. Remonte-le... Je viendrai ensuite.

— Et s'il me mange?... Je suis le seul soutien de ma vieille mère.

— Tire-moi d'ici, et je te jure que ta mère et toi ne manquerez jamais de rien.

Et, comme Caracol semblait encore hésiter, Bistécol ajouta :

— Dépêche-toi donc; tu es cause que le lion va perdre patience...

Caracol réfléchit qu'il avait chance d'échapper à la dent du lion, au lieu qu'elle croquerait certainement le sire de Malicorne. Il attacha sa corde à un vieux chêne creux, et se mit à remonter le lion, en la roulant autour du tronc.

Quand il le vit aborder, il se cacha derrière l'arbre et y grimpa prestement; mais le roi des animaux lui dit :

— Grand merci! tu auras bientôt la preuve que tu n'as point obligé un ingrat.

Et d'un bond il s'élança à travers la forêt.

— A vous maintenant, monseigneur! cria Caracol au sénéchal.

Il laissa couler sa corde; ce fut un ours qu'elle ramena. Comme le lion, l'ours lui dit en prenant sa course :

— Merci, tu n'as point obligé un ingrat !

— Enfin, c'est à mon tour! cria Bistécol, mais au moment de jeter sa corde, le ramonier aperçut, au creux du chêne, une mouche qui bruissait en détresse dans une arnitoile. Déjà l'araignée sortait de sa cachette, lorsque Caracol de sa main balaya l'arnitoile et délivra la mouche.

— Va donc plus vite! lui cria le sénéchal.

Le ramonier jeta sa corde, et le sénéchal remonta.

— Tu m'as bien fait attendre ! dit-il d'un ton bourru.

— Pardonnez-moi, monseigneur, je délivrais quelqu'un de plus pressé que vous.

— Qui donc?

— Une mouche qui se débattait dans une arnitoile.

— La belle raison! répliqua l'autre.

Et il s'en fut sans remercier son sauveur.

Croyant avoir vidé le puits, Caracol se mettait à son ouvrage, quand il ouït une petite voix grêle qui criait :

— Eh bien! et moi! Est-ce que tu ne me feras point aussi la grâce de me tirer de là?

— Il y a donc encore quelqu'un? demanda le bossu en se penchant sur le trou.

— Oui, dit la voix, quelqu'un qui t'implore par tous les saints du paradis.

Caracol laissa glisser sa corde et ramena le lièvre qui, après l'avoir remercié comme les autres bêtes, prit comme elles ses jambes à son cou.

« Voilà un quart de jour d'écoulé, se dit le brave garçon. Il s'agit de se presser pour regagner le temps perdu; il ne faut point que la mère pâtisse de la maladresse d'autrui. »

Par malheur, il se pressa tellement qu'il s'entailla fortement le pouce avec sa serpe, et dut s'en retourner à sa chaumière pour se faire panser.

De toute la journée il ne put travailler et, comme le pauvre ménage vivait au jour le jour, le lendemain on se trouva sans pain.

III

Caracol se désolait.

— Que ne vas-tu voir le sénéchal? lui dit sa mère.

« C'est juste, pensa le bossu, il m'a fait de si belles promesses! »

Il se rendit donc au château et frappa timidement à la porte.

— Que voulez-vous? demanda le portier.

— Je voudrais parler à monseigneur le sénéchal.

— Monseigneur le sénéchal n'est pas visible.

— Je l'ai rencontré hier dans la forêt; j'ose répondre qu'il me recevra.

Le portier se hasarda d'aller prévenir le sénéchal.

— Ce drôle a menti, répondit Bistécol, je ne le connais pas.

Le portier rapporta ces paroles au ramonier, qui s'en revint tout triste chez sa mère.

— Monseigneur était sans doute mal disposé, lui dit celle-ci. Prenons patience jusqu'à demain.

On vécut ce jour-là à crédit, et le lendemain Caracol alla de nouveau frapper à la porte du château. Sur ses instances, le portier consentit encore à se rendre auprès du sénéchal.

Mais Bistécol, outré de colère, saisit un bâton, courut à l'huis, et rabattit si furieusement la bosse du pauvre Caracol, qu'il le laissa pour mort sur le seuil.

Des passants charitables le ramassèrent et le portèrent à sa maison, où il garda le lit durant plus de quinze jours. Sa mère le soigna de son mieux et vendit pour subsister le peu qu'ils possédaient.

IV

Aussitôt remis sur pied, Caracol s'en fut couper du bouleau dans la forêt. Arrivé près de la trappe de malheur, il se trouva face à face avec un lion. Il resta tout estomaqué, mais le lion lui dit : « Attends-moi là, » et partit comme un trait.

Caracol le reconnut pour celui qu'il avait tiré d'embarras.

L'animal revint bientôt, tenant dans sa gueule un gros sac de florins d'or qu'il déposa aux pieds de son sauveur. Il était allé le chercher dans sa caverne, où des voleurs l'avaient muché sous un monceau de feuilles sèches.

Le ramonier remercia le lion et retourna à sa chaumière ; avec l'or il paya royalement ses dettes et, comme sa mère et lui avaient désormais de quoi vivre, il cessa de faire des ramons.

Dès lors il prit du bon temps, se promena du matin au soir, et ne tarda point, comme on le pense, à s'ennuyer.

Un jour qu'il fumait sa pipe au bois, en regardant nicher les oiseaux, il rencontra son ami le lion. Il eut l'idée de courir le monde avec lui pour se distraire.

Il proposa la chose au roi des animaux, qui accepta, et il lui donna rendez-vous pour le lendemain. Le lendemain, il se leva en même temps que le soleil, dit au revoir à sa mère et rejoignit son compagnon.

Ils partirent; chemin faisant, ils rencontrèrent l'ours, qui vint, de son air le plus gracieux, présenter ses civilités à son sauveur. Ils l'engagèrent à les accompagner; quoiqu'il n'aime guère la société, l'ours reconnaissant ne se fit pas tirer l'oreille. Un peu plus loin, ils trouvèrent aussi le lièvre qui ne s'enfuit pas à leur approche, et ils se l'associèrent.

Tous quatre allèrent ainsi par les villes, les bourgs et les villages, gagnant leur vie à montrer leurs talents. Le lion et l'ours dansaient la gavotte, pendant que le lièvre jouait du tambour de basque, et que Caracol faisait la quête.

V

Durant cinq ans, Caracol courut le monde, après quoi il fut pris du désir de revoir la Flandre.

Arrivé dans la forêt de Binche, il congédia ses

animaux et s'en fut embrasser sa mère, puis il alla faire un tour à la ville.

Il fut grandement surpris de la trouver toute voilée de crêpe noir, comme une église où l'on enterre un gros mort.

Phirin Simollet, l'aubergiste de l'*Hurtebise*, était sur sa porte. Il vit venir de loin le bossu et, pour la première fois de sa vie, il n'eut pas le cœur de lui chanter :

>Caracol,
>Bistécol,
>Montre tes cornes,
>Cornes.

— Pourquoi, lui demanda le voyageur, la ville est-elle ainsi tout encrêpée ?

— Comment ! dit Phirin, tu ignores le malheur qui nous frappe ! On est donc bien en retard à Waudrez ?

— Je n'ai fait qu'y passer ; j'arrive de courir le monde.

— Eh bien ! fieu, la ville est tendue de deuil, parce que la belle Eglantine, la fille du baron, doit mourir demain.

— Est-elle si dangereusement malade ?

— Tout au contraire, elle se porte à ravir ; elle est fraîche et vermeille comme la rose des bois, mais, hélas ! il n'en faut pas moins qu'elle meure !

— Comment cela ?

— A deux lieues d'ici, du côté d'Ath, il y a un géant qui est né dans cette ville, au faubourg de Brantegnies, et qui n'a pu y rester, tant il a grandi depuis cinq ans ! Il ne trouvait point de maison assez haute pour l'abriter. On l'appelle Goliath, comme le géant qui fut tué par le berger David, mais celui-ci avait à peine dix pieds, tandis que le nôtre en a plus que le double.

Il est d'une force si prodigieuse qu'il déracine les arbres et étouffe dans ses bras les lions et les ours. Il entre dans les villes et à lui seul il les met à sac ; il décoiffe les maisons aussi aisément que ta mère décoiffe sa marmite, et il démolirait tout de fond en comble, si on ne se rendait à merci.

On a envoyé contre lui des régiments entiers, mais il marche tout bardé de fer, et les traits rebondissent sur sa cuirasse. Il pénètre dans les rangs avec un chêne en guise de massue et, comme il tue dix hommes d'un coup, il a bientôt fait escamper le reste.

Il a requis tout le pays de lui apporter de la terre à pleins tombereaux et d'élever une haute montagne où l'on a planté de grands arbres. Au sommet de cette montagne on a dû lui bâtir un immense donjon.

Il y vit de sa chasse et aussi des contributions qu'il prélève sur la contrée. Tous les ans, à la ducasse, il se régale de la chair d'une jeune fille. Cette année, le sort a désigné la belle Eglantine, et il faut qu'on la lui mène demain en pompe.

— Et personne, dit Caracol, ne s'est présenté pour l'abattre par force ou par ruse?

— Le baron a déclaré, répondit Phirin Simollet, qu'il donnerait la main de sa fille à quiconque le tuerait. Pas un chevalier n'a tenté l'aventure.

— Ils n'ont donc ni cœur ni esprit? dit Caracol.

— Je voudrais bien t'y voir, toi! Au fait, tu dois être un malin, étant marqué au B! Je parie que tu viendrais à bout de Goliath!

— Qui sait! fit le bossu, petit homme abat grand chêne, et, sans prendre garde au rire moqueur de Phirin, il s'en fut tout busiant. Il n'était pas fâché de lui montrer que les bossus ont, en effet, quelque chose de plus que les autres.

VI

Le jour suivant, Caracol se leva avec les poules et décrocha son arbalète et son carquois.

— Tu vas tirer à l'oiselet? lui dit sa mère.

— Oui, mère, et, si j'ai le prix, vous pourrez faire de la tarte; nous aurons gagné une belle journée.

Il se rendit dans la forêt et siffla ses animaux.

Ils accoururent un à un et, quand ils furent assis sur leur queue, devant lui :

— Mes amis, leur dit-il, il s'agit de nous signaler par un coup de maître. Il y a par ici un immense géant qui mange toutes les jolies filles. On compte sur nous pour en débarrasser le pays. Ce sera bien le diable si à nous quatre...

— A nous quatre! dit le lion, je me charge à moi tout seul...

— Non, répondit Caracol. Le géant Goliath est tout bardé de fer, et si fort qu'il étouffe les lions dans ses bras. Le courage ne suffirait pas, il faut de la ruse.

— En ce cas, c'est mon affaire, dit le lièvre. Allons reconnaître les lieux. Une fois là, nous aviserons.

Ils partirent tous quatre. Arrivés à la montagne du géant, ils se séparèrent et la gravirent à pas de loup.

Lorsqu'ils furent en vue du donjon, le lièvre en fit le tour, examina la place avec attention, réfléchit une minute, puis il parla à l'oreille de chacun de ses compagnons, qui se tenaient cois derrière les arbres.

Le géant Goliath était à sa toilette. Il avait revêtu ses bottes de fer, ses cuissards, ses brassards, sa cuirasse, son hausse-col. Il ne lui restait à mettre que son gorgerin et son casque.

Tout à coup, il ouït un bruit singulier. Il leva les yeux de son miroir, et vit par la fenêtre un lièvre qui faisait en courant le tour du donjon. Ce lièvre était suivi à la muette par un ours, que suivait un lion. Le géant trouva ce spectacle tellement bouffon, qu'il partit d'un formidable éclat de rire. Il riait encore que les animaux repassaient gravement devant lui, à la queue leu leu, toujours courant et toujours à la même distance.

Goliath se tenait les côtes. Il pensa pourtant à profiter de cette aubaine ; il sortit donc et se mit à l'affût sous la porte. Au moment où les bêtes repassaient pour la troisième fois, il se pencha afin de saisir d'une brassée le lièvre, l'ours et le lion.

Soudain, vrich ! une flèche lui creva l'œil droit et pénétra profondément dans sa tête. Il y porta les mains et retira la flèche, mais d'un bond le lion lui sauta au cou et, comprimant ses bras, commença de lui dévorer la figure.

L'ours le saisit alors par les jambes et tous deux culbutèrent le géant, qui s'écroula à grand bruit, semblable à une tour. Par trois fois il les souleva de terre en sautant comme une carpe, et il serait sans aucun doute parvenu à se débarrasser de leur étreinte, si Caracol ne lui avait bravement enfoncé son couteau dans la gorge.

Le géant vomit son âme dans un épouvantable mugissement.

VII

Cependant la princesse s'avançait avec la cour de Binche. Quand on fut au pied de la montagne, elle embrassa en pleurant son père, qui fondait en larmes, et elle monta vers le donjon de Goliath.

Alors le baron et sa cour se retirèrent, ne pouvant supporter une pareille vue. Seul, Bistécol resta sans faire semblant de rien. Il haïssait secrètement la princesse, qui avait quelquefois ri de sa bosse, et il n'était pas fâché d'assister de loin à son supplice.

La pauvre Eglantine ne marchait qu'avec peine, en s'arrêtant d'arbre en arbre, tant la terreur lui avait ôté l'usage de ses jambes. Parvenue presque au sommet, elle fut fort étonnée de ne pas voir Goliath debout devant son donjon.

Elle fit encore quelques pas et, au lieu du géant, ce fut Caracol qui vint la recevoir.

— Belle princesse, lui dit-il, ne craignez rien ; Goliath est mort, et voici son cadavre.

Eglantine, à cet aspect, fut saisie d'une telle joie qu'elle s'évanouit. Caracol l'eut bientôt fait revenir.

— C'est donc vous qui serez mon époux ! dit-elle en rouvrant les yeux. Elle avait le cœur si aise et son sauveur lui semblait si bon, qu'elle le trouva le plus joli du monde.

Elle détacha son collier de corail, qui faisait six fois le tour de son cou, et le partagea entre les animaux. Le lion pour sa part eut le fermoir d'or. Elle donna ensuite au ramonier son mouchoir de batiste où son nom était brodé.

Caracol coupa alors le bout de la langue du géant, le roula dans le mouchoir et le mit soigneusement en poche.

Il ne lui restait plus qu'à reconduire la princesse chez son père; mais tant d'émotions avaient extrêmement fatigué la belle Eglantine.

— Je vous en prie, lui dit-elle, laissez-moi dormir un somme; je suis exténuée.

— Dormez, belle princesse, répondit Caracol, je veillerai sur vous.

La belle Eglantine s'étendit sur l'herbe, et aussitôt elle s'endormit; Caracol s'assit à côté d'elle, tira sa pipe et se mit à fumer, en attendant son réveil.

Malheureusement lui aussi était fatigué et, tout en fumant, il sentit le sommeil le gagner; il appela donc le lion et lui dit :

— Je vas dormir un peu. Veille à ce que nul ne nous surprenne.

Et il s'endormit.

Le lion se tint en sentinelle, mais lui aussi était fatigué de la lutte; il appela l'ours et lui dit :

— Reste là, mon ami Martin. J'ai envie de faire un petit niquet. S'il arrive quelque chose, ne manque pas de m'éveiller.

L'ours s'assit auprès du lion, mais il n'était pas moins las que les autres ; il appela le lièvre et lui dit :

— Arrive ici. Je suis applommé de somme. S'il survient quelque anicroche, hâte-toi de m'éveiller.

Par malheur, en courant sous le nez de Goliath, le lièvre avait eu une si belle peur, qu'il se trouvait dix fois plus fatigué que ses compagnons. Il s'endormit, et c'est depuis lors que d'une consigne mal gardée on dit qu'elle est chue dans l'oreille d'un lièvre.

Ainsi dormaient la princesse, Caracol, le lion, l'ours, le lièvre, et ils dormaient tous aussi profondément que des juges à l'audience.

VIII

Ne voyant point paraître le géant, le sénéchal se douta qu'il s'était passé quelque chose. Peu à peu la curiosité l'emporta sur la crainte, et il se hasarda de gravir la montagne.

Parvenu au sommet, il aperçut le cadavre immense de Goliath et, non loin de là, la princesse, Caracol et les bêtes, tous dormant.

Il lui vint aussitôt une idée diabolique : « Ah! la belle, se dit-il, les bossus vous font rire! Eh bien! vous aurez un bossu pour époux, et ce ne sera point celui que vous pensez! »

Il tira son épée et coupa la tête de Caracol; il acheva ensuite de trancher celle du géant, afin de l'emporter comme preuve de sa victoire. Cela fait, il prit dans ses bras la jeune fille dormante et, la tête de Goliath à la main, il descendit la montagne.

Mais la tête étant trop grosse, le sénéchal trouva bientôt qu'elle l'embarrassait; il la jeta devant lui et du pied la fit rouler jusqu'au bas. Quand lui-même y fut, la princesse s'éveilla.

Elle le regarda d'un air étonné, puis :

— Que faites-vous ici? lui dit-elle. Et mon libérateur, où est-il?

— C'est moi, répondit Bistécol, qui suis votre libérateur.

— Non, monsieur le sénéchal, répliqua Eglantine. Celui qui m'a sauvée ne vous ressemblait en rien. N'espérez pas que vous prendrez sa place.

— C'est ce que nous verrons, dit le sénéchal, et, tirant son épée : Vous allez, ajouta-t-il, mourir à l'instant ou, sur votre part du paradis, vous me jurerez de laisser croire à votre père que moi seul vous ai sauvée.

La princesse Eglantine savait de quoi le sénéchal était capable. Elle se résigna pour le moment, et jura tout ce qu'il voulut.

Un compénaire du Jolimetz passait à point avec sa charrette, en criant : « A cerises pour du vieux fer ! » Bistécol arrêta la charrette, y plaça au fond, sur de la paille, la tête du géant, y fit monter la princesse, monta lui-même, et donna au marchand l'ordre de les mener au château du baron de Binche.

A la vue de sa fille saine et sauve, le seigneur ne se sentit pas de joie.

— J'ai tué le géant et délivré la princesse, dit alors l'imposteur ; je réclame donc la main de la belle Eglantine.

— C'est juste, dit le comte et, quoi qu'il lui en coûtât d'avoir un gendre aussi berquinaud... je veux dire tourné en vilebrequin, il demanda à la princesse ce que le cœur lui en disait.

— Il faut bien en passer par là, répondit-elle, et cependant elle ne pouvait comprendre comment le sénéchal l'avait enlevée à son libérateur.

IX

Sur la montagne, auprès de leur maître mort, les animaux ronflaient en faux-bourdon. Or, il arriva qu'une grosse mouche vint se mettre de la partie et s'abattit sur le nez du lièvre.

Le lièvre, qui dormait profondément, bien qu'avec les yeux ouverts, la chassa de sa patte et continua son somme. La mouche revint à la charge, mais le dormeur donna encore un coup de patte, et ce renfort de bourdonnement l'endormit plus que jamais.

La mouche revint une troisième fois et lui enfonça sa trompe dans le nez ; le lièvre éternua et se réveilla.

« Diable! dit-il. Il paraît que je me suis endormi comme les autres. Hâtons-nous de les réveiller, sinon gare à mes oreilles! »

Et aussitôt il réveilla l'ours qui réveilla le lion.

Quand le lion vit que Caracol était mort et que la princesse avait disparu, il entra dans une colère bleue, et poussa de si horribles rugissements, que la montagne en trembla.

— Qui a coupé le cou à notre ami? s'écria-t-il. Ours, pourquoi ne m'as-tu pas réveillé?

Et l'ours furieux dit au lièvre :

— Pourquoi ne m'as-tu pas réveillé, petit misérable?

Le pauvre lièvre ne sut que répondre ; ses terribles compagnons allaient tomber sur lui, quand il pria en grâce qu'on voulût bien l'entendre.

— Ne me faites pas de mal, dit-il, je vous promets de rendre la vie à notre maître.

— Par quel moyen? demanda le lion.

— Du côté de Tournay, reprit le lièvre, je connais sur le mont de Trinité une racine douée d'une vertu telle que quiconque l'a dans la bouche, est à l'instant même guéri de toute blessure.

— Va la querir de ce pas, dit le lion. Je te donne un demi-quart d'heure pour me l'apporter.

Le lièvre prit ses jambes à son cou et, en moins de temps qu'il n'en faut à un vieux pauvre pour faufiler trois *Pater* et deux *Ave*, il rapportait la racine.

Le lion replaça la tête sur les épaules de son maître, et le lièvre lui mit la racine dans la bouche. Soudain, le cœur battit et les joues se colorèrent. Caracol respira longuement, éternua et ouvrit les yeux.

— Ah! que j'ai bien dormi! dit-il en s'étirant. Puis regardant autour de lui :

— Et la princesse? demanda-t-il à ses animaux, qu'en avez-vous fait?

— Nous avons comme vous succombé au sommeil, répondit le lion, et, en nous réveillant, nous ne l'avons plus trouvée.

« Elle se sera enfuie, pensa Caracol, de peur d'épouser un vilain bossu tel que moi. »

Cette idée l'attrista au point qu'il n'eut pas le courage d'aller au château réclamer la main de la princesse.

Il reprit son arbalète et son carquois, congédia ses animaux et s'en retourna chez sa mère.

X

Il y arriva que le coucou chantait midi. La soupe fumait dans la soupière, mais la ménagère était sortie. Comme il avait grand'faim, il se mit à table sans cérémonie.

A la première cuillerée, il fut tout surpris de ne plus trouver sa bouche. Il s'aperçut alors qu'il avait la tête à rebours et la figure tournée du côté du dos.

Jusque-là il avait été tellement absorbé par sa douleur, que, chose extraordinaire, bien qu'au lieu de ses mains et de ses pieds, il eût sa bosse sous les yeux, il ne s'était avisé de rien !

« Comment cela peut-il se faire, se dit-il, et qu'est-il arrivé pendant que je dormais ? »

Pour le savoir il se rendit dans la forêt et siffla le lion. Le lion, qui n'était pas loin, accourut aussitôt.

— Comment se fait-il, demanda Caracol, que j'ai la tête sens devant derrière ?

— Maudit sommeil ! s'écria le lion. C'est encore lui qui nous a joué ce tour. En me réveillant, je vous ai trouvé mort, la tête séparée du tronc. J'ai tout de suite envoyé querir la racine de vie au mont de Trinité, et j'ai eu si grand'hâte de vous replanter le chef sur les épaules, que je me suis trompé de côté.

— C'est fâcheux, dit Caracol. Outre que cela ne sera pas commode pour manger la soupe...

— Oh ! ne vous faites pas de bile ! exclama le roi des animaux.

Et, sans crier gare, il arracha la tête de Caracol et, lui ayant fourré la racine entre les dents, il la recolla fort proprement à l'endroit.

A peine l'opération était-elle achevée, que la mère de Caracol rentrait tout en fourfèle, je veux dire tout en émoi.

Elle venait d'acheter une demi-once de chicorée à la graisserie et, pendant que la soupe refroidissait, elle avait demandé : Quelles nouvelles ?

— Eh bien ! fit-elle à son fieu, il paraît que le géant est mort, et qu'il a été tué par un chevalier qui a ramené la princesse.

— Ah! dit Caracol, et quel est ce chevalier?

— On ne le sait pas encore à Waudrez, mais si tu veux l'apprendre, tu n'as qu'à aller faire un tour à Binche.

— J'irai demain, dit le bossu qui se rappela la prédiction de la sorcière. Ne venait-il pas d'avoir sa bosse sous le nez?

Il serait même parti sur-le-champ si, ayant eu la tête coupée deux fois en un jour, il ne s'était senti un peu de migraine.

XI

Le lendemain matin, il se rendit dans la forêt, appela ses animaux et les conduisit à Binche.

D'un bout à l'autre, depuis l'auberge de l'*Hurtebise* jusqu'au château du baron, la ville était tendue d'écarlate.

Caracol entra chez l'aubergiste et lui demanda la cause de cette joyeuse décoration.

— C'est, répondit Phirin, qu'on célèbre aujourd'hui les fiançailles de la fille du seigneur.

— Et qui épouse-t-elle?

— Parbleu! Bistécol, le sénéchal.

— C'est donc lui qui a tué le géant?

— Lui-même, et pour preuve il a rapporté sa tête.

« Elle épouse Bistécol ! s'apensa le bossu, mais il est encore plus mal bâti que moi, et elle n'ignore pas qu'il n'est pour rien dans sa délivrance ! Comment savoir si elle agit de bon ou de mau gré ? »

—. En roulant ta bosse par le monde, tu t'es donc fait montreur de bêtes ? lui demanda Phirin Simollet.

— Oui, fieu.

— Eh bien ! ta ménagerie arrive comme marée en carême, car nous allons avoir des fêtes magnifiques. Tes bêtes sont-elles bien dressées au moins ?

— Tu vas en juger, dit Caracol, qui, dans la question de Phirin Simollet, venait de trouver ce qu'il cherchait. Je dîne chez toi avec ma compagnie, mais je ne veux pas manger de ta cuisine.

— Et de quelle cuisine te faut-il ?

— De la cuisine du seigneur.

— Ah ! bah ! et comment feras-tu pour en avoir ?

— Ces gaillards-là m'en iront quérir.

Et Caracol montra ses animaux.

— Bon ! tu veux rire, fieu.

— Je parie cent florins qu'avant qu'on ait mis la table, ils me rapportent un superbe rôti.

— Tope ! dit Simollet.

— Eh bien ! déboucle ton ventre, fieu, car je t'invite, repartit Caracol en jetant les cent florins sur la table.

Il se tourna vers ses animaux et leur dit :

— Faites-moi donc le plaisir d'aller demander à la princesse du rôti pareil à celui que mange le seigneur.

— On y va! répondit le lièvre et, en deux sauts et quatre bonds, il fut hors de vue. Mais il avait compté sans les chiens de la ville, qui coururent tous après lui en aboyant du haut de leur tête.

Arrivé au château, il se glissa dans la guérite sans être aperçu du factionnaire. La bande tomba sur la guérite comme un tourbillon de pattes et de museaux; ils furent reçus à coups de crosse, et ils s'enfuirent en hurlant.

Débarrassé de ses ennemis, le lièvre choisit son moment, et futch! il sauta dans la cour du château. Il chercha des yeux la belle Eglantine, et la vit tristement accoudée à une fenêtre du premier étage. Il y monta, entra dans la chambre, dont la porte était entr'ouverte, et gratta légèrement le pied de la princesse.

— A l'huis! dit la princesse, croyant que c'était son petit chien.

Le lièvre gratta une seconde fois et fut accueilli de même; mais à la troisième Eglantine regarda à ses pieds et reconnut le lièvre à son collier.

Aussitôt elle le prit dans ses bras et lui dit :

— Que veux-tu, lièvre, mon ami?

— Mon maître, qui a tué le géant, répondit le

lièvre, m'envoie pour vous demander **du rôti que mange le seigneur.**

A ce moment, l'ours et le lion apparurent dans la cour; ils étaient venus tranquillement, en gens qui n'ont pas peur. Ils confirmèrent la demande du lièvre et les yeux de la princesse étincelèrent.

Elle envoya querir le cuisinier et lui donna ordre de porter à l'auberge de l'*Hurtebise* le plus beau filet de bœuf qui se dorait à la broche.

Elle voulut qu'il y ajoutât un godiveau, un chapon gras, un quartier de chevreuil et, pour dessert, une corbeille toute pleine de couques sucrées, de carrés de Lille, de pains perdus, qu'on appelle à Condé des pains crottés, de cerises, de framboises, de pêches et d'oranges. Elle lui ordonna de ne pas oublier six bouteilles du meilleur vin pour arroser ce festin de seigneur.

— Sans vous commander, dit le lièvre, est-ce que le cuisinier ne pourrait pas me porter aussi pour que je n'aie point tous les chiens à mes trousses ?

XII

Le maître queux prit le lièvre dans ses bras, et il partit pour l'*Hurtebise* avec ses marmitons. Ceux-ci le suivaient deux par deux, portant qui le filet de bœuf, qui le godiveau, qui le chapon gras, qui le quartier de chevreuil, qui le dessert, qui enfin les six bouteilles de vin.

L'ours et le lion fermaient la marche. En route, il arriva que le lion eut soif; il saisit une bouteille et l'avala d'un trait, ensuite de quoi il alla un peu en zigzag, au grand plaisir des gens de Binche qui étaient tous aux fenêtres.

De son côté, l'ours, friand comme une nonne, voulut s'assurer que les gâteaux étaient bien frais; il agrippa un pain crotté, et se mit bravement à le croquer. Cela redoubla la gaîté des gens de Binche, gens volontiers goguenards.

— C'est donc demain fête, dit l'ours, que les marmousets sont aux fenêtres! puis il saisit une orange et la lança au plus effronté rieur.

Soudain, on cria : Saboulade! et de toutes les fenêtres, sur sa casaque tourrée, il grêla des oranges à gueule que veux-tu. Martin ne s'en fâcha point, bien au contraire ; il les attrapa au vol et les mangea à belles dents.

Cela fit que, malgré la gourmandise du messager, la corbeille arriva presque intacte à l'auberge. A la vue d'un si beau défilé de plats, Phirin Simollet resta comme pétrifié.

Des mains du cuisinier le lièvre sauta dans les bras de Caracol, qui lui demanda tout bas :

— Où as-tu trouvé la princesse ?

— Dans sa chambre, notre maître.

— Et quel air avait-elle ?

— L'air tout triste, mais quand elle m'eut reconnu, ses yeux brillèrent comme deux étoiles.

— C'est bien, fit Caracol et, plus tranquille du côté de la princesse, il chargea le maître queux de la remercier et se tourna vers l'aubergiste.

— Voilà, dit-il, que nous avons, non-seulement du rôti, mais encore tout un dîner pareil à celui du seigneur. Nous allons donc nous régaler.

Comme midi venait de sonner, on se mit à table, on but, on mangea, et Caracol régala aussi ses bêtes, car il était de la plus belle humeur du monde.

Lorsqu'on eut fini :

— A présent, dit Caracol, que j'ai bu et mangé comme mange et boit le seigneur, je vas aller au château demander la main de la fille du seigneur.

— Cette fois c'est trop fort ! s'écria Phirin Simollet. Comment peux-tu penser que la princesse voudra épouser un vilain bossu tel que toi?

— Elle va bien épouser Bistécol.

— Raison de plus pour qu'elle ne t'épouse pas!

— J'ai ici de quoi changer ses idées, dit Caracol.

Et il tira de sa poche le mouchoir brodé où il avait entortillé le bout de la langue de Goliath.

— Il n'y a pas de mouchoir qui tienne, dit Phirin Simollet; le miel n'est pas fait pour la bouche de l'âne, et je parierais ma maison qu'on va te recevoir comme un chien dans une église.

— Voici l'enjeu, dit Caracol.

Et il jeta sur la table une bourse qui contenait mille florins d'or

XIII

Cependant avait lieu au château le festin des fiançailles. Placé auprès de la belle Eglantine, Bistécol semblait vraiment un colimaçon près d'une rose.

La conversation languissait, et le baron, peu ravi du mariage de sa fille, n'essayait point d'égayer ses convives.

Le seigneur démentait le proverbe qui dit :

> Au sénéchal de la maison,
> On peut connaître le baron.

Il avait l'âme bonne et adorait sa fille. Au dessert, il lui dit :

— Que te voulaient ces animaux qui sont venus te voir ?

— Ils venaient me voir de la part de leur maître, répondit la princesse.

— Tu connais leur maître?

— Oui, et je vous conseille de faire sa connaissance. Invitez-le à prendre le café, vous n'aurez pas lieu de vous en repentir.

— De quels animaux parlez-vous ? demanda le sénéchal, qui n'avait rien vu et à qui ces mots mettaient la puce à l'oreille.

— Vous le saurez plus tard, répondit la belle Eglantine.

Cependant elle avait parlé d'un ton si grave que, soupçonnant quelque mystère, le seigneur dépêcha un écuyer dans un carrosse.

L'écuyer arriva juste au moment ou Caracol jetait sa bourse sur la table.

— Tu le vois, dit celui-ci à son hôte, voilà déjà que le baron m'envoie l'équipage qui convient à une pareille démarche.

Il monta en voiture et commanda à ses animaux de le suivre.

Le seigneur le vit venir de loin avec son escorte.

— Comment dois-je le recevoir ? dit-il à sa fille.

— Allez au devant de lui, répondit Eglantine, vous n'aurez pas sujet de vous en repentir.

Le baron alla au devant de Caracol jusqu'au bas du perron, le reçut en grande cérémonie et le fit entrer dans la salle à manger, où ses bêtes le suivirent. Il l'invita à se mettre en face de sa fille, tandis que ses animaux s'asseyaient sur leur queue tout autour de la table.

Bistécol tremblait les écalettes... Pardon! je veux dire que ses dents claquaient comme des castagnettes. Du premier coup d'œil, il avait reconnu Caracol, et ne pouvait comprendre comment l'homme dont il avait lui-même fait rouler la tête à deux pieds du corps était là, vivant, sous ses yeux.

— On dirait que vous tremblez, monsieur le sénéchal! lui dit la princesse.

— De fait, sénéchal, vous n'avez pas l'air d'être à la noce, dit à son tour le seigneur. Est-ce la vue de ces animaux qui vous donne la fièvre?

— Ne serait-ce pas plutôt celle de leur maître? ajouta Eglantine.

— Je ne crains pas plus le maître que les animaux, balbutia enfin le sire de Malicorne, et d'ailleurs je ne connais pas ce monde-là.

— Vous avez la mémoire courte, monsieur le sénéchal, fit alors Caracol, car enfin vous vous êtes déjà trouvé en compagnie de ces bêtes, à telles enseignes que c'est moi-même qui, dans la forêt, vous ai tirés tous les quatre de la fosse où vous étiez tombés.

— Ah! vous étiez tombé dans une fosse? dit le baron.

— Je ne me rappelle rien de tout cela, murmura Bistécol.

— Pas plus que vous ne vous rappelez qu'avant-hier vous m'avez tranché la tête, ajouta ironiquement Caracol.

— La preuve que je ne vous ai pas tranché la tête, dit le sénéchal reprenant son assurance, c'est qu'elle est encore sur vos épaules.

— Cet argument, fit le seigneur, me paraît sans réplique.

— On l'y a remise, dit Caracol, comme je vais remettre ce qui manque à celle du géant, si monseigneur veut bien permettre qu'on l'apporte.

— Avec plaisir, répondit le baron.

Et il donna aussitôt l'ordre d'apporter la tête de Goliath.

XIV

— Que manque-t-il donc, ajouta-t-il, à la tête du géant? Au fait, sénéchal, vous devez le savoir, puisque c'est vous qui l'avez coupée.

— Il y manque l'œil gauche, que j'ai crevé, répondit Bistécol avec aplomb.

— Ensuite ? fit Caracol.

— Ensuite !... mais c'est tout...

— Ce n'est pas tout. Il y manque de plus le bout de la langue, que voici. Et Caracol ouvrit le mouchoir, en tira le morceau de langue et montra qu'il s'adaptait parfaitement à ce qui en restait dans la bouche du géant.

— Vous lui avez donc, dit le seigneur, coupé le bout de la langue après que le sénéchal lui eut tranché la tête ?

— Point, sire baron ; c'est moi qui ai tué Goliath ; ensuite de quoi je me suis endormi, ainsi que mes bêtes, et c'est durant notre sommeil que le sénéchal m'a tranché la tête et volé celle de Goliath. En voici la preuve.

Il prit la racine de vie et la fourra dans la bouche de Goliath. Soudain l'œil intact brilla et la tête s'anima.

Elle regarda Bistécol avec indifférence, mais quand l'œil tomba sur Caracol, il lança des éclairs ; de son côté, la bouche grinça des dents, et elle lui eût certainement mordu la main, s'il ne s'était servi des étenielles, je veux dire des pincettes, pour ôter la racine.

— Vous voyez, fit Caracol, que c'est à moi seul qu'en veut ce bon Goliath. Vous faut-il d'autres preuves ? Priez mademoiselle de dire à qui elle a donné ce mouchoir.

— Au vainqueur du géant, répondit Eglantine.

— Et ces colliers ? ajouta Caracol.

— Aux animaux qui ont aidé à la victoire, répondit encore la princesse.

— Sur votre part du paradis, vous aviez juré de vous taire, s'écria le sénéchal, à qui la fureur fit mettre bas toute prudence.

— Aussi n'ai-je pas dit qui était le vainqueur, répliqua la princesse, rusée comme on assure que le sont toutes les femmes.

— C'est vous-même, ajouta Caracol, qui venez de dévoiler votre infamie, en révélant la promesse que vous avez arrachée par la force !

— Bien, ma fille, dit le baron. Tu épouseras le vainqueur, et tu n'en iras pas moins en paradis. Il ne reste plus qu'à chercher quelle punition a pu mériter un homme capable d'un pareil forfait. Faut-il qu'on le tire à quatre chevaux, qu'on le plonge dans une cuve pleine d'huile bouillante, ou qu'on le scie en travers ?

XV

A ce moment parut sur la table, sans qu'on sût comment elle y était venue, une fée grande au plus comme le petit doigt.

Elle s'avançait dans une conque de saphir traînée par quatre énormes scarabées d'or. Son cocher était un gros bourdon en livrée noire, relevée de jaune et de rouge. Il avait pour fouet un os de cri-cri où pendait un fil de la Vierge.

— Tu ne me reconnais pas? dit-elle à Caracol d'une mignonne petite voix. Je suis la reine des fées, et c'est moi que tu as sauvée de cette méchante araignée, un matin que, suivant la loi qui, un jour par an, nous change en bêtes, je me cachais au bois sous forme de mouche. C'est pourquoi tu vas être récompensé, de même que sera puni l'ingrat qui a voulu te ravir ta princesse.

Elle le toucha de sa baguette, qui était une fine épingle d'or. Aussitôt sa bosse se fondit, et il parut droit et bien fait comme vous et moi.

— Tiens! ton fiancé qui n'a plus sa bosse! s'écria le baron.

— Il était donc bossu? dit Eglantine. Je ne l'avais pas remarqué.

La fée alors frappa le sire de Malicorne et, au lieu d'une bosse, il en eut deux, une par derrière et l'autre par devant.

— Allons, danse, sénéchal, dit-elle, et le sénéchal s'enfuit en gigotant sous les huées des laquais, mêlées aux rugissements et grondements des animaux, qui témoignaient leur joie à leur façon.

Et de là vient que, depuis lors, bailler une danse

à quelqu'un a signifié qu'on lui baillait une forte correction.

La noce eut lieu quelques jours après. Phirin Simollet y fut invité, et le baron de Binche y donna le bras à la mère de Caracol.

Au dessert, Caracol dit à son ami Simollet :

— Tu sais que ta maison est à moi?

— Je le sais, répondit Phirin.

— Eh bien! je t'en fais cadeau et des douze cents florins d'or par dessus le marché, à la condition que tu vas nous chanter :

>   Caracol,
>   Bistécol,
>   Montre tes cornes,
>   Cornes.

XVI

C'est pour ramentevoir ces curieux événements que, — de même qu'on voit à Mons le *Combat du Lumçon* et à Douai la *Procession de Gayant*, — chaque année, dans la ville d'Ath, a lieu, le dimanche de la ducasse, la *Procession de Goliath*, qui n'est pas la moins belle ni la moins célèbre des trois cérémonies.

C'est aussi en souvenir de Caracol et de Bistécol que le carnaval de Binche est resté le plus beau carnaval des Pays-Bas.

Le mardi-gras, les trois quarts des Binchois sont déguisés en bossus, avec un habit bariolé, de fins sabots aux pieds, sur la tête un chapeau à plumes, des sonnettes à la ceinture, et deux bosses, une par devant, l'autre par derrière, toutes fleuries de dentelles.

On chante partout :

Caracol,
Bistécol,
Montre tes cornes,
Cornes.

On se saboule à coups d'oranges, et, le lendemain, s'il reste encore par-ci par-là quelques carreaux de vitre, on peut vous certifier qu'il n'y a plus un seul tonneau de bière dans toute la bonne ville de Binche.

LES MÉQUENNES DE MARIE-AU-BLÉ

i

u temps jadis, il y avait près de Valenciennes, au village de Marly, une veuve ayant deux filles jeunes et belles, mais de beauté différente.

L'aînée était une brune fière, aux joues écarlates; la cadette, une gracieuse blonde, aux joues blanches, teintées de rose. On les avait surnommées la Pione et la Magrite, ce qui, dans le langage du pays, se dit pour la pivoine et la marguerite.

Elles se ressemblaient de caractère aussi peu que de figure, car autant la Magrite était douce et active, autant on trouvait la Pione arrogante et paresseuse. La cadette filait et faisait le ménage, pendant que l'aînée s'attifait et se mirait dans le puits.

Le comte de Flandre tenait alors sa cour à Valenciennes, en son palais de la Salle-le-Comte.

Son fils passait souvent à cheval du côté de Marly et, quand la Pione l'entendait venir, elle courait se mettre sur sa porte; car à ses yeux il n'y avait qu'un prince qui fût digne de l'épouser.

Vers la Noël, un matin qu'il gelait tout blanc et que la Magrite avait accompagné sa mère au marché de la ville, la Pione ouït une voix cassée qui murmurait des patenôtres derrière l'huis.

Elle ouvrit l'huchelet de la porte et vit une pauvresse couverte d'une méchante serpillière, courbée sur un bâton, et qui paraissait vieille comme le temps.

— Allez vous chauffer au feu des chiens; on fait les gaufres, dit-elle méchamment.

Et la pauvresse s'en alla sans répondre un mot.

II

Le lendemain, comme il relégnait, que l'air était doux et que le soleil luisait, la Magrite s'assit sur le banc de pierre près du puits et fila sa quenouille.

La mendiante vint à repasser et, voyant la quenouille bien garnie et les doigts de la jeune fille bien alertes, elle dit :

> Telle quenouillée,
> Telle bonne année.

Puis elle recommença de marmotter ses patenôtres.

La Magrite se leva sur-le-champ, entra dans la maison, en rapporta un chanteau de pain bis et le bailla à la pauvresse en disant :

— C'est Dieu qui vous le donne, grand'mère.

— Dieu va vous le rendre, ma belle fille, répondit la mendiante. Quand on jette deux grains de blé à un misseron, l'oiseau en prend un, et Dieu fait un épi de l'autre. Puisque vous m'avez montré une âme si charitable, je vous octroie pour don que la première chose que vous ferez demain matin, après votre prière, vous la ferez tout le long du jour.

Et comme la Magrite la regardait étonnée :

— Je ne suis point ce que vous pensez, ajouta-t-elle. Je suis Marie-au-Blé, la ménagère de là-haut, et j'ai pour mission de couvrir la terre du blanc manteau qui la protége contre la gelée. Vous savez le proverbe :

> Neige au bled est bénéfice,
> Comme au vieillard la pelisse.

Chaque année, je choisis une jeune fille au cœur vaillant pour m'aider durant la saison neigeuse. C'est sur vous que j'ai jeté les yeux cet hiver. Je repasserai la veille des Rois ; tâchez d'avoir pour lors entièrement filé le lin de votre grenier ; Marie-au-Blé ne veut chez elle que des méquennes qui savent prendre de la peine.

III

Le lendemain, en se levant, la Magrite dit sa prière, puis, sans plus songer au don de Marie-au-Blé, elle avisa sur la table un coupon de toile qu'elle avait préparé la veille pour tailler des bavolets.

Elle le prit et le déroula ; à sa grande surprise, la toile s'allongea, s'allongea, et plus la jeune fille en déroula, plus il en vint, sans que le coupon diminuât de grosseur.

Elle en déroula, déroula, déroula tant que la chambre fut bientôt pleine de toile.

La Magrite ouvrit la porte et appela sa mère et sa sœur ; elles furent fort ébahies et se dépêchèrent de rouler d'un côté ce que la Magrite déroulait de l'autre.

Mais elles n'allaient pas assez vite, et la Magrite descendit l'escalier à reculons, déroulant toujours, remplit de toile les chambres basses, en couvrit la cour et le jardin, et, finalement, en amoncela une si grande quantité, que le soir la maison, de la cave au grenier, regorgeait de pièces de toile empilées les unes sur les autres.

Or, sachez que c'était de la fine toile de Cambrai, qu'on en vendit pour plus de cent mille escalins, et qu'on put ainsi se donner l'aide d'une servante.

Le chanteau de pain bis semblait assez chèrement payé, et cependant la Pione n'était point contente.

— Que tu es sotte ! disait-elle à sa sœur. A ta place, au lieu de dérouler de la toile, j'aurais compté des escalins et, à cette heure, je serais assez riche pour épouser le fils du seigneur. Qu'il me tombe pareille aubaine, et tu verras !

Tous les matins, dès le paître au minet, la Pione

s'établissait avec sa quenouille devant l'huis et faisait semblant de filer ; mais c'est en vain qu'elle attendait Marie-au-Blé.

Pourtant, l'avant-veille des Rois, comme elle était seule à la maison, elle vit venir la vieille pauvresse.

— Pardonnez-moi, madame, lui cria-t-elle du plus loin qu'elle l'aperçut. Si l'autre jour je vous ai mal accueillie, c'est que je ne vous ai point regardée.

Elle dressa la table sur-le-champ, y mit un quartier de lard, du pain, des gaufres que sa mère avait faites pour le nouvel an, et elle alla saquer un pot de bière à la cave. Marie-au-Blé but et mangea, après quoi elle remercia la Pione et prit son bâton afin de continuer sa route.

— Vous ne me donnez pas un don comme à ma sœur? dit la Pione.

— Si fait, ma belle, répondit Marie-au-Blé. Je te donne aussi pour don que la première chose que tu feras demain en t'éveillant, tu la feras tout le long du jour.

La Pione reconduisit la céleste ménagère avec son plus gracieux sourire, et, le soir, en se couchant, elle eut soin de placer sous son oreiller une bourse pleine d'escalins.

IV

L'ambitieuse fille s'endormit fort tard dans la nuit. Elle rêva qu'elle épousait le fils du seigneur, et que ses compagnes en crevaient de dépit.

Le coriococo de Chanteclair l'éveilla, contre son habitude. Aussitôt, sans prendre le temps de prier Dieu, elle chercha sa bourse sous son oreiller.

En ce moment, elle sentit une puce courir le long de son épaule. Elle voulut l'attraper : d'un bond la puce lui échappa et la piqua au bras ; sa main l'y poursuivit.

Soudain la puce saute de nouveau et va lui appliquer son suçoir derrière l'oreille. La Pione, impatientée, la pourchasse, l'attrape et la tue.

Hélas ! en voici deux autres, puis quatre, puis dix, puis vingt, puis cent qui fondent sur elle, la mordent, la percent, la piquent aux pieds, aux genoux, aux flancs, aux bras, à la tête, en mille endroits.

La Pione les poursuit, les attrape, les tue, mais d'autres leur succèdent en si grand nombre que la malheureuse renonce à s'en débarrasser.

Elle n'a plus assez de ses deux mains pour se gratter au sang par tout le corps ; elle se roule dans son lit, désespérée, haletante, écumant de rage, et elle se gratte, se gratte, se gratte tant, qu'à la tombée du soir, il ne restait plus, dit-on, que deux bras inexorables qui grattaient un squelette.

La vérité est que Marie-au Blé ne poussa pas si loin la punition, et que la méchante fille en fut quitte pour garder le lit durant trois jours.

V

La veille de l'Epiphanie, la Magrite s'était dès l'aube assise près du puits et se hâtait de finir sa dernière quenouillée, quand elle crut apercevoir l'étrangère au tournant du chemin.

Elle fut si émue que dans son trouble elle se perça la main de son fuseau. Le sang coula et rougit le fuseau. La Magrite voulut le laver dans le seau du puits; par malheur, il lui échappa et chut dans l'eau.

Vite, elle fit jouer la poulie, descendit le seau et tâcha de le repêcher. Hélas! dans sa précipitation, elle se pencha trop en avant, perdit l'équilibre, et s'en fut, la tête la première, vers le fond, où brillait le ciel étoilé.

Lorsque la Magrite arriva parmi les étoiles, elle était évanouie. Au bout de quelques instants, elle se réveilla, je ne sais comment, au bord d'une source, et promena autour d'elle des yeux surpris et charmés. Elle se trouvait dans une riante campagne où jaunissaient de grands blés. Il y avait aussi des arbres, des plantes et des fleurs comme il en pousse sur la terre ; mais les arbres poussaient plus beaux, l'herbe plus molle, les fleurs plus éclatantes, et tout cela était doré par un plus doux soleil.

Elle se leva et avisa, volant au-dessus de sa tête, un oiseau vert aussi beau qu'un oiseau du paradis.

Le bel oiseau se posa sur un arbre et chanta d'une façon merveilleuse, puis il s'envola un peu plus loin, comme s'il invitait la jeune fille à le suivre.

La jeune fille le suivit et il alla se percher sur le toit d'une chaumière ; elle y entra et vit un four rempli de pain.

— Saque-moi hors du four, saque-moi hors du four ! je suis assez cuit ! disait le pain.

Elle prit la pelle et défourna le pain.

L'oiseau vert s'envola encore et alla s'abattre sur un pommier qui portait des pommes rouges comme les joues d'une garcette de quinze ans.

— Hochine-moi, hochine-moi ! je succombe sous le poids de mes pommes ! disait le pommier.

La Magrite le secoua, les pommes churent et l'oiseau s'envola.

Elle le suivit encore et aperçut une jolie petite maison blanche, tapissée par une vigne.

Sur la porte était assise une belle dame vêtue comme une censière.

Quoique Marie-au-Blé fût rajeunie d'une trentaine d'années, la Magrite la reconnut au premier coup d'œil.

— Sois la bienvenue, petite, dit la céleste ménagère, je t'attendais.

— Je suis à vous, bonne mère, répondit la jeune fille et, sur-le-champ, elle se mit à l'ouvrage.

VI

En vaillante méquenne, elle commença par écurer la batterie de cuisine, et bientôt les poêlons et les casseroles de cuivre rouge brillèrent comme le soleil, quand il se couche dans la brume.

Elle lava ensuite la maison à grande eau et, avec la balayette, elle dessina sur le seuil de beaux festons de blanc sable; puis elle fit le lit et, comme elle allait le secouer, Marie-au-Blé lui dit :

— Va le secouer là-bas, sous les peupliers et prends bien garde de choir dans le trou.

La méquenne y fut et, au-dessus du trou, elle hochina soigneusement le lit de plumes, l'édredon et l'oreiller.

Quelques menues plumes volèrent par les airs, et il lui sembla qu'elles s'amoncelaient, s'amoncelaient et tombaient en blancs flocons qui remplissaient l'espace et obscurcissaient le jour.

Et en bas les bonnes gens regardaient cette blanche fourrure descendre du ciel pour couvrir le sein de la terre et la préserver contre la gelée, et ils disaient, le cœur joyeux :

— Il neige, il neige ! Marie-au-Blé fait son lit !

Chaque matin la Magrite alla au trou, et il neigea beaucoup cette année-là, et le blé vint en abondance, et ce fut une année si prospère qu'il n'y en eut jamais de pareille, même dans l'almanach.

En échange de ces services, Marie-au-Blé lui enseignait à tailler ses robes, à broder et à faire de la dentelle. La Magrite acquit dans ce dernier métier une habileté inconnue jusqu'alors, et c'est à elle que plus tard les dentellières de Valenciennes durent d'être les premières dentellières du monde.

VII

Quand l'hiver commença de décroître sur la terre, — non pas chez Marie-au-Blé, où régnait un printemps perpétuel, — la Magrite dit à sa maîtresse :

— Voici qu'est passé le temps de la neige, et que les hirondelles vont revenir à Marly, voulez-vous bien me permettre de retourner chez ma mère?

— Oui-dà, ma fille, répondit Marie-au-Blé.

— Mais comment ferai-je?

— Va dans la chènevière, et cueilles-y les plus belles tiges de chanvre; tu t'en feras une échelle de corde.

La Magrite obéit, et elle eut tant de cœur à son ouvrage qu'en moins de six semaines elle fila son échelle.

A l'heure du départ, Marie-au-Blé l'attacha par un bout à l'un des peupliers, lança l'autre dans le puits, baisa la Magrite au front et lui donna un petit sac en lui disant :

— Tu m'as servie en sage et fidèle méquenne : voici ton salaire.

La Magrite fut assez discrète pour ne point ouvrir le sachet et descendit bravement à l'échelle, qui, chose singulière! s'allongeait au fur et à mesure que la jeune fille descendait.

VIII

Je ne sais combien de temps elle descendit, mais quand elle mit pied à terre, il faisait nuit noire.

Elle s'aperçut alors qu'elle était vêtue d'une magnifique robe tissée d'or et de soie, qui brillait comme si le bon Dieu l'avait semée d'étoiles.

Lorsqu'elle entra dans la cour de sa maison, Chanteclair croyant saluer l'aurore, battit des ailes et chanta à tue-tête :

> Corioco ! corioco !
> Le jour éclot ! le jour éclot !

Sa mère et sa sœur l'accueillirent avec de grandes exclamations. On sut bientôt à Marly et aux alentours, que la Magrite était revenue, et qu'elle avait rapporté une robe d'or, et ce fut une procession de gens qui voulaient voir la merveilleuse robe.

Le bruit en vint jusqu'au palais de la Salle-le-Comte, et la fille du seigneur n'eut point de cesse qu'elle n'eût vu la robe d'or de la Magrite.

La Magrite la porta au palais ; la demoiselle en raffola sur-le-champ, et le comte proposa à la jeune paysanne de la lui acheter.

La brave fille, considérant qu'un pareil ajustement était trop beau pour elle, consentit à le vendre moyennant mille escalins, qu'elle donna à sa mère.

Comme elle était un peu plus grande que la demoiselle, la robe se trouva trop longue; mais on ne put découvrir, de Valenciennes à Mons, une couturière assez adroite pour la raccourcir.

La vendeuse offrit alors ses services, et on fut émerveillé de son habileté. On le fut bien davantage, quand on vit comme elle savait broder et faire de la dentelle. Les maîtres du palais la prirent en telle affection, qu'ils ne voulurent plus laisser partir la jolie dentellière.

L'honnête fille se croyait trop bien récompensée; pourtant elle avait ouvert le petit sac et n'y avait vu qu'une poignée de grains de blé. Pareil présent n'eût point été le compte de la Pione; mais la Magrite pensa que sans doute Marie-au-Blé avait eu ses raisons d'agir ainsi, et elle serra précieusement le sachet.

IX

Cependant le bonheur de la cadette faisait le malheur de l'aînée, qui en séchait sur pied.

Bien qu'elle eût à se défier de Marie-au-Blé, elle voulut, coûte que coûte, avoir, elle aussi, sa robe d'or et, au retour de la saison neigeuse, elle enfonça sa main dans un buisson d'épines, rougit son fuseau de son sang, le jeta dans le puits et s'y précipita la tête la première.

Comme sa sœur, elle s'éveilla dans la prairie merveilleuse et suivit l'oiseau vert; mais quand le pain lui dit :

— Saque-moi hors du four, saque-moi hors du four ! je suis assez cuit !

Elle répondit :

— Je te défournerai à la venue des coquecigrues, quand les poules iront à béquilles.

Et quand le pommier lui cria :

— Hochine-moi, hochine-moi ! je succombe sous le poids de mes pommes ! C'est sa tête qu'elle hocha, sans même daigner répondre.

Enfin elle arriva dans la maison de Marie-au-Blé, qui la prit à son service.

Le premier jour tout alla bien ; mais le lendemain,

le soleil avait déjà achevé le tiers de sa besogne, que la paresseuse n'avait pas commencé la sienne.

Ce fut encore pis les jours suivants ; elle n'écurait ni les poêlons, ni les casseroles; le lit de Marie-au-Blé était fort mal fait et, lorsque la méquenne allait au trou secouer la literie, elle y restait des heures entières à regarder ce qui se passait en bas.

C'est pourquoi il neigea fort peu cette année-là, la terre ne put s'envelopper dans son blanc manteau, elle fut glacée jusqu'au fond des entrailles et ne produisit que le quart du blé qu'elle rendait d'ordinaire.

L'oiseuse s'amenda pourtant un peu la dernière semaine et, croyant avoir assez ouvré, elle alla bravement réclamer son salaire.

— Fixe-le toi-même, lui répondit sa maîtresse.

— Eh bien! je veux une robe d'or comme celle de la Magrite ; mais, pour ce qui est du sachet de grains de blé, j'aime mieux autre chose.

— Et quoi ?

Et la méquenne répondit effrontément :

— Une baguette magique qui convertisse en or tout ce qu'elle touchera.

— La voici, fit Marie-au-Blé avec un malin sourire.

Elle coupa une branche fourchue à un coudrier, et la lui donna.

X

La Pione n'osa point se hasarder par le même chemin que la Magrite. Marie-au-Blé lui ouvrit une porte au bout de son clos, et la mauvaise méquenne se trouva soudainement à vingt pas de la maison de sa mère.

Sa robe n'éclaira point la nuit, au contraire ; de blanche qu'elle était, elle devint noire comme de la suie. Ce n'est pas non plus Chanteclair, mais la hulotte que la méchante fille entendit et, dans le creux d'un arbre mort, la hulotte huait comme pour se moquer d'elle :

> Touhouhi ! touhouhi !
> Il fait nuit ! il fait nuit !

La Pione monta furieuse à sa chambre et, maudissant Marie-au-Blé, qui lui avait volé, disait-elle, son salaire, elle jeta sa baguette sur la table et se coucha.

Le lendemain, en s'éveillant au coup de midi, quelle ne fut point sa joie de voir resplendir au soleil la table changée en une table d'or pur !

— Voilà qui arrive comme la pluie en mai !

s'écria-t-elle et, sans songer au proverbe qui dit :
« A donner ou à prendre, gare de se méprendre ! »
elle sauta à bas de son lit, prit la baguette, en
toucha les chaises, le lit, tous les meubles de sa
chambre, et les chaises, le lit, tous les meubles
furent changés en or.

Alors elle appela sa mère, qui appela les voisines,
et la nouvelle se répandit comme l'éclair, et les gens
de Marly, de Saultain, de Curgies, d'Aulnoy,
d'Etreux, de Saint-Saulve et de Valenciennes
accoururent en foule pour contempler cette merveille.

Le comte vint lui-même avec sa cour. Il proposa
à la Pione d'acheter sa baguette, mais elle refusa de
la vendre, ne jugeant point qu'on pût y mettre le
prix.

XI

Or, le comte de Flandre était un homme avare et
qui aimait l'or par dessus tout. Ne pouvant s'approprier la précieuse baguette, il voulut du moins avoir
pour fille celle qui la possédait : il lui offrit la main
de son fils.

La Pione accepta, et on signa le contrat en

grand'pompe ; toutefois, le jeune seigneur, qui n'était pas si pressé de s'enrichir, demanda que le mariage n'eût lieu qu'au bout d'un an.

En attendant l'échange des anneaux de fiançailles, ce fut, contrairement à l'usage, la future bru qui donna des arrhes à son beau-père, et elle ne donna rien moins qu'un palais d'or.

Des caves aux greniers elle toucha de sa baguette et changea en or à trente-deux carats le beau palais de la Salle-le-Comte, qui avec ses dépendances occupait environ dix mencaudées.

Les Valenciennois, petits et grands, enviaient le bonheur du jeune fiancé; lui ne se sentait point heureux. La Pione pouvait tout métamorphoser en or; mais son orgueil avait crû avec sa fortune et devenait de plus en plus insupportable.

XII

Le jour de la cérémonie des fiançailles, pendant qu'on se rendait en cortége à Notre-Dame-de-la-Salle, l'épousée surprit les yeux de son futur qui se tournaient tristement vers la Magrite.

— Que regardez-vous là ? lui dit-elle en fronçant

le sourcil. C'est moi qu'il faut regarder, et non cette mijaurée.

Et elle frappa le sol d'un violent coup de sa baguette.

Soudain, dans toute la Flandre, le sol et ses productions, les herbes, les plantes, les arbres se changèrent en or, et ce fut un superbe coup d'œil.

Le comte de Flandre ne fut point fâché de régner sur une terre d'or, et la cérémonie eut lieu, bien que le coup de baguette de sa future fille fût une grave dérogation aux lois de l'étiquette.

Les bons Flamands furent enchantés et jugèrent l'or de la Pione bien supérieur à celui des moissons que leur avait données la Magrite.

Mais cette félicité ne fut point de longue durée ; on s'aperçut bientôt que les pommes d'or sont d'une digestion plus difficile que les pommes de calville, et qu'une terre d'or n'a point ce qu'il faut pour nourrir ses habitants.

Aussi il se déclara une famine épouvantable, et le peuple mourait d'inanition par l'excès même de ce qui procure aux hommes la satisfaction de leurs appétits.

XIII

Dans une telle conjoncture, le comte assembla son conseil; les conseillers vinrent armés de lunettes bleues, car la couleur de l'or leur faisait mal aux yeux; ils prononcèrent de beaux discours, et on se sépara sans avoir trouvé un procédé pour fondre la croûte de métal.

Le comte fit alors annoncer à son de trompe qu'il donnerait la main de sa fille à celui qui mettrait un terme aux souffrances de ses sujets.

Personne ne se présenta, et le seigneur songeait déjà à abandonner le pays avec ses vassaux, lorsque la Magrite s'avança timidement et dit :

— Votre Seigneurie veut-elle me permettre d'essayer de rompre le charme?

— Essaie, ma fille, répondit le comte, et puisses-tu réparer le mal que nous a causé ta sœur!

La Magrite s'était souvenue à propos du sachet que lui avait donné Marie-au-Blé. Peut-être le moment était-il venu de l'utiliser. Elle le tira de sa poche, y prit un grain de blé et gratta le sol de son petit doigt en disant :

— Marie-au-Blé, ayez pitié de nous!

Chose merveilleuse! la croûte de métal devint meuble comme de la terre labourée, et le doigt de la Magrite s'y enfonça sans résistance.

Elle y déposa sa graine et la recouvrit de terre, je veux dire de poudre d'or. Au bout d'une minute, on vit une mince tige d'herbe percer le sol de son dard vert.

XIV

Aussitôt la croûte d'or disparut comme par enchantement, la séve recommença de circuler dans les plantes, la terre reprit sa robe bigarrée, les blés en retard grandirent, épièrent et jaunirent en un quart d'heure, et, depuis lors, on ne vit plus, sur le sol redevenu fertile, rayonner d'autre or que celui des moissons.

Les gens de Valenciennes se jetèrent à genoux en bénissant Marie-au-Blé, et le comte, guéri de sa folie, dit à la Magrite :

— Je ne puis, et pour cause, te donner ma fille, mais si tu veux épouser mon fils, il est à toi...

La Magrite tendit sa main, en rougissant, au jeune seigneur, et elle obtint la grâce de la Pione, qui s'était cachée de peur d'être lapidée par le peuple à coups de lingots d'or.

La noce eut lieu un mois après : Marie-au-Blé y assista et, grâce à elle, cette année fut aussi abondante qu'elle avait d'abord été stérile.

XV

Le souvenir de la céleste ménagère et de ses méquennes n'est point tout à fait éteint dans le pays flamand. Il n'y a pas cinquante ans que vers la mi-juillet, les porte-sacs et les dames de la Halle promenaient encore Marie-au-Blé par les rues de Valenciennes.

Durant huit jours, la compagnie, de blanc et de rose habillée, allait de porte en porte, en dansant le menuet, offrir, sur un plat d'étain, les prémices de la moisson. Avec les dringuelles récoltées par les méquennes de Marie-au-Blé, on mangeait des gohières et on vidait cinq ou six cents canettes à la ducasse de Marly, patrie de la Magrite.

Cette fête a disparu comme bien d'autres qui égayaient les bonnes âmes du temps passé. Le monde, au jour d'aujourd'hui, est si malin qu'il ne trouve plus rien qui le divertisse; et si j'ai remémoré ici ces vieilles histoires, ce n'est mie pour plaire aux notaires, ni aux avocats, c'est simplement pour amuser les petits fieux qui jouent à quenèques, et les grand'mères qui vont à crossettes.

FIN

TABLE

L'Intrépide Gayant....................	1
Le Drapeau des Tailleurs..............	31
La Marmite du Diable.................	43
Les Douze princesses dansantes..........	61
La Dame des Clairs...................	83
La Fileuse d'orties...................	99
Le Sac de La Ramée..................	111
Le Quesne au leu.....................	141
Caillou qui biques!...................	151
La Viole d'Amour....................	179
Désiré d'Amour......................	191
Le Grand-Choleur....................	219
Caracol Bistécol.....................	243
Les Méquennes de Marie-au-Blé.........	283

www.ingramcontent.com/pod-product-compliance
Lightning Source LLC
Chambersburg PA
CBHW071252160426
43196CB00009B/1253